O SUPRIMENTO INVISÍVEL

O grupo que respondeu está no 6º raio.
Concentração interna.

— Introdução a prática da oração individual
Melhorar o relacionamento dos raios

Serviço do grupo. é a união mental
— [illegible]

Tudo em função da união

Joel S. Goldsmith

O SUPRIMENTO INVISÍVEL

A Descoberta dos Dons do Espírito Interior

Tradução
GILSON CÉSAR CARDOSO DE SOUSA

EDITORA CULTRIX
São Paulo

Título do original:
Invisible Supply
Finding the Gifts of the Spirit Within

Edição	Ano
1-2-3-4-5-6-7-8-9	97-98-99-00

Direitos de tradução para o Brasil
adquiridos com exclusividade pela
EDITORA CULTRIX LTDA.
Rua Dr. Mário Vicente, 374 – 04270-000 – São Paulo, SP – Fone: 272-1399
E-MAIL: pensamento@snet.com.br
http://www.pensamento-cultrix.com.br
que se reserva a propriedade literária desta tradução.

Impresso em nossas oficinas gráficas.

Suprimento é espírito — e está dentro de nós. Não é visível e nunca o será. Escapa ao olhar humano; não o sentimos com nossos dedos humanos; jamais o ouvimos ou degustamos. O que vislumbramos no mundo exterior são as formas que o suprimento assume. Externamente, o suprimento assume a forma de dinheiro, de alimento, de vestuário, de moradia, de transporte, de capital empresarial, etc. Nosso discernimento espiritual nos confirmará essa verdade. Mais tarde, teremos a prova disso — não porque conseguiremos ver o suprimento; mas porque seremos capazes de reconhecer as formas que ele assume.

O suprimento é infinito e onipresente, onde quer que nos encontremos. Como Moisés, podemos compreender que não precisamos viver do maná de ontem, nem estocar o de hoje para amanhã: o suprimento é inesgotável.

Como o suprimento, também a Verdade não pode ser vista nem ouvida. Jamais veremos ou ouviremos a Verdade. Ela está dentro de nós. A Verdade é espírito, a Verdade é Deus. Aquilo que lemos num livro ou escutamos à nossa volta não passa de símbolos da Verdade.

Sumário

Se o senhor não edificar a casa, em vão trabalham os que a edificam.

— Salmo 127

A Iluminação dissolve todos os laços materiais e liga os homens com os elos de ouro da compreensão espiritual. Ela reconhece apenas o comando do Cristo; não tem rituais ou regras, a não ser o Amor impessoal e universal; nenhum culto, exceto o da Chama interior que nunca se apaga no santuário do Espírito. Essa união é o estado livre da fraternidade espiritual. A única restrição consiste na disciplina da Alma, graças à qual conhecemos a liberdade sem a desordem; somos um universo integrado, destituído de limites físicos; um serviço divino a Deus sem credos ou cerimônias. A caminhada luminosa sem medo — pela graça.

— *O Caminho Infinito*

CAPÍTULO 1

O Princípio do Suprimento

Os dicionários definem o vocábulo *princípio* como sinônimo de Deus, acepção aceita também pela Igreja de Cristo Cientista. Entretanto, no Caminho Infinito, usamos esse termo para designar os princípios da vida que alicerçam o nosso trabalho e a nossa consciência. Precisamos de princípios a partir dos quais possamos trabalhar e sobre os quais possamos nos manter para superar a fé cega.

Existem princípios em todos os negócios, em todas as artes, em todas as profissões, em todos os tipos de trabalho. Aqueles que vivem segundo esses princípios, ainda que enfrentem inúmeras dificuldades, acabam por alcançar o sucesso.

Isso se aplica sobretudo ao nosso trabalho. Nesse caso os princípios são necessários porque estamos continuamente às voltas com simulacros de discórdia, a saber: pecado, variadas formas de doenças, envelhecimento, a própria morte, carências, limitações e pobreza. Reza a Bíblia que sempre teremos pobres entre nós — e com certeza os teremos até que o princípio do suprimento seja compreendido, e por certo haveremos de adoecer até que o princípio da saúde seja apreendido.

Por que sofremos de carência

O princípio do suprimento, segundo o Caminho Infinito, consiste na nossa unicidade com Deus, pois temos tudo o que o Pai tem: "Eu e o Pai somos um; tudo o que o Pai possui é meu." Se, pessoalmente, algo nos falta, não se trata de uma falta verdadeira, mas apenas de uma incapacidade para entrar em contato com o nosso suprimento.

Nos meus livros, tenho recordado ao leitor que durante a Grande Depressão não houve carência nos Estados Unidos. Na verdade, se algo houve, foi uma abundância maior do que nunca. Sim, maior abundância de colheitas, de peixes no mar, de pássaros no ar, de madeira nas florestas, de cereais nos armazéns, de celeiros, de campos, de jardins. Ora, tamanha fartura não estava apenas em Deus; estava também nos depósitos e mercados, nos silos e nas roças. Não existia penúria! Se alguns de nós padecemos alguma falta ou insuficiência, não foi porque imperava uma situação real de carência: foi porque não permanecemos em sintonia com a fonte do suprimento, não tivemos acesso ao suprimento inesgotável.

Por isso dizemos no nosso trabalho: "Se você conhecesse o princípio do suprimento, não teria sofrido carência, limitações ou necessidades ao longo daqueles anos." Já que não se tratava de uma escassez verdadeira, todo sentimento de carência consistia unicamente na ignorância do princípio do suprimento.

O princípio do suprimento é a constatação de que já possuímos, embora as aparências talvez não confirmem esse fato. Uma vez que eu e o Pai somos um e que tudo o que Ele possui é meu, nós possuímos: "Filho, tu sempre estás comigo e todas as minhas coisas são tuas."[1] Na qualidade de filhos de Deus, somos co-her-

---

1. Lucas, 15:31.

deiros com Cristo de todo o patrimônio celeste do Pai. Eis aí uma verdade espiritual apresentada à consciência humana.

O suprimento invisível

O mundo procura o seu bem fora de si mesmo. Procura a paz, a alegria, a satisfação, o lar, o companheirismo ou o suprimento lá fora, no âmbito das coisas e das pessoas. Mas disse o Mestre: "O meu reino não é deste mundo."[2] Quando enveredamos pelo caminho espiritual, aprendemos que as armas do mundo não são para nós, que o modo com que o mundo se protege não é para nós, que a forma com que o mundo procura a sua felicidade não é para nós. Se refletirmos sobre a frase "o Reino de Deus está dentro de ti", imediatamente ficará claro que procurar o bem lá fora é algo que não funciona. É preciso procurá-lo dentro de nós mesmos. Os guias espirituais de todas as épocas concordam com isso.

A vivência espiritual baseia-se na capacidade de entrar em contato com Deus. Compreendamos de uma vez por todas que existe um Deus. E não apenas existe como está sempre à nossa disposição. Nosso poeta místico assevera que Ele se acha mais próximo do que a respiração, do que as mãos ou os pés. O Mestre nos ensina que o Reino de Deus está dentro de nós.

Se não temos o sentimento da vida eterna, se não gozamos da harmonia, da paz e da prosperidade a que fazemos jus como filhos de Deus, confessemos sem delongas que não estamos unidos a Ele, que não o conhecemos bem. "Une-te, pois, a Ele e tem paz, e assim te sobrevirá o bem."[3] Ele dirigirá teus passos e estarás sereno. Sim, não nos unimos a Ele. Conhecê-Lo bem

2. João, 18:36.
3. Jó, 22:21.

significa orientar todos os nossos propósitos para a paz e permanecer em paz. Trata-se, verdadeiramente, de receber a bênção da vida eterna, da vida harmoniosa — da vida boa.

Nos meus primeiros anos de trabalho, o sucesso me veio rapidamente e com ele a prosperidade. Então mudei-me para outra cidade e arquei com maiores despesas. Aparentemente, eu cometera um erro, pois embora continuasse a ser bem-sucedido no trabalho de cura, fracassava em demonstrar o suprimento. Passei a enfrentar grandes dificuldades para sustentar a família com uma renda insuficiente. Fazia um bom trabalho de cura, empenhando-me nisso dia e noite, e no entanto o retorno não bastava para sustentar a família e a mim mesmo. Isso era intrigante porque eu já trabalhava havia dois anos e tinha provado, sem sombra de dúvida, que não apenas ocorriam curas, mas também que outras pessoas descobriam o suprimento. E, apesar de tudo, persistia o meu problema pessoal... que um belo dia se agravou.

Talvez eu não precisasse comer, beber e vestir-me; mas era necessário, pelo bem dos que acreditavam no meu conhecimento, que eu soubesse como aplicá-lo, por que aplicá-lo, quando aplicá-lo. Só descansei ao obter as respostas.

Um dia, enquanto caminhava, ocorreu-me que, se realmente conhecesse Deus, eu não enfrentaria um problema tão grande. Eu acreditava piamente no versículo bíblico que diz: "Nunca vi um homem honesto mendigando pão."[4] O erro não podia ser de Deus ou da Verdade; logo, tinha de ser meu. Evidentemente, eu não era honesto naquele sentido; evidentemente, eu não tinha a idéia correta do suprimento. Então, algo estava errado.

O corolário era óbvio: minha falta de compreensão de Deus provocara a situação. À primeira vista, parece impossível que uma pessoa ativamente empenhada no trabalho espiritual, capaz

---

4. Adaptado do Salmo 37:25.

de promover curas verdadeiras, possa não conhecer Deus ainda, nem compreendê-Lo corretamente. Mas pensei: "Deve ser isso mesmo. As Escrituras estão certas. A falta é inteiramente minha. Sem dúvida, não conheço Deus." Queria pôr isso à prova, ver se conhecia Deus ou não.

Perguntei a mim mesmo: "O que é Deus?" Comecei a dar todas as respostas que provavelmente ocorrerão ao leitor. Entretanto, percebi logo que as respostas não podiam ser a Verdade porque não eram do meu próprio conhecimento. Eu estava apenas citando: "Deus é amor" (João disse isso; eu não *conhecia* isso); "Deus é a lei" (suponho que Moisés disse isso, mas eu não *conhecia* isso). A senhora Eddy afirmou: "Deus é princípio" — porém eu não *conhecia* isso. Concluí que as coisas que eu sabia a respeito de Deus não correspondiam a um conhecimento real de Deus, eram meras citações sobre Ele, algo que os outros, e não eu, sabiam a propósito de Deus. Eu só conhecia citações, não conhecia Deus.

Ora, conhecer frases verdadeiras sobre Deus e conhecer o próprio Deus são coisas muito diferentes. Refleti então no que é Deus e no que eu sabia a Seu respeito. Nenhuma resposta. Comecei, pois, a pensar em humanidade, no que é humanidade, no que eu sou. Constatei que Deus é o *Eu* do meu ser, o *Eu sou* — não a minha humanidade, não a minha mente, poder ou compreensão pessoal, mas o *Eu sou* de mim, o meu próprio *Eu* ou identidade espiritual.

Deus constitui o *Eu* que eu sou. Deus é o *Eu* que eu sou. Deus é a vida mesma, a verdadeira alma, a mente, a consciência das pessoas. A ser assim, então tudo o que Deus possui é parte de cada ser humano. Tudo o que o Pai tem é meu. A mente de Deus é a mente humana. A alma de Deus é a alma humana. O espírito de Deus é o espírito humano. O suprimento de Deus é o suprimento humano. O amor de Deus é o amor humano. Por quê? Porque *eu* e o Pai somos um só e tudo o que o Pai possui é meu. Essa unicidade constitui a infinidade do nosso ser. Em nós e por nós próprios nada seríamos. Mas como Deus constitui o nosso verdadeiro ser, como Deus é o Pai do nosso verdadeiro ser, Ele estabeleceu em nós a plenitude da Sua sabedoria, a plenitude do seu amor, a plenitude da Sua vida e a plenitude do Seu suprimento. "Do Senhor é a terra e a sua plenitude"[5], e "Filho, todas as minhas coisas são tuas".[6]

Sobreveio a constatação de que, se a Totalidade constitui o ser individual, o bem não nos chega de fora, mas deve ser buscado dentro de nós. Isso mudou imediatamente a minha compreensão e a minha vida.

Como se sabe, Deus tem como atender às nossas necessidades em todas as circunstâncias. Logo depois eu dava com os olhos num poema de Robert Browning, no qual ele afirma que não devemos tentar abrir uma entrada para que o bem de fora nos alcance, mas antes rasgar uma saída para que o esplendor encerrado dentro de nós possa jorrar. Em outras palavras, todo o bem, toda a eternidade e imortalidade, toda a divindade, toda a Cristandade, toda a espiritualidade estão corporificados em nós — mas temos de abrir uma brecha para que o esplendor encerrado em nós possa jorrar.

O milagre ocorre quando percebemos que esse esplendor de Deus, esse amor infinito, essa vida sem fim, essa sabedoria divina, essa graça espiritual e o Consolador já se encontram dentro de nós. Dentro de nós já se encontra esse fulgor de Deus que multiplica pães e peixes, que cura os enfermos e prega o Evangelho aos pobres, que abre os olhos aos cegos. Não mais lançamos o olhar para as pessoas lá fora.

---

5. Salmo 24:1.
6. Lucas, 15:31.

A esposa perde imediatamente o sentimento de dependência com relação ao amado; o empresário perde imediatamente o sentimento de dependência com relação ao cargo, aos investimentos ou aos negócios. Logramos compreender que, embora o suprimento possa vir *por* esses canais, a *fonte* dele está dentro de nós. Graças a essa compreensão, novas e melhores sendas se abrem. Se uma delas se fecha, temos a certeza de que outras se abrirão de acordo com a necessidade.

Suprimento é espírito

Suprimento é espírito — e está dentro de nós. Não é visível e nunca será. Escapa ao olhar humano; não o sentimos com nossos dedos humanos; jamais o ouvimos ou degustamos. O que vislumbramos no mundo exterior são as formas que o suprimento assume. Externamente, o suprimento assume a forma de dinheiro, de alimento, de vestuário, de moradia, de transporte, de capital empresarial, etc. Nosso discernimento espiritual nos confirmará essa verdade. Mais tarde, teremos a prova disso — não porque conseguiremos ver o suprimento, mas porque seremos capazes de reconhecer as formas que ele assume.

O suprimento é infinito e onipresente, onde quer que estejamos. Como Moisés, podemos compreender que não precisamos viver do maná de ontem, nem estocar o de hoje para amanhã: o suprimento é inesgotável.

Como o suprimento, também a Verdade não pode ser vista nem ouvida. Jamais veremos ou ouviremos a Verdade. Ela está dentro de nós. A Verdade é espírito, a Verdade é Deus. Aquilo que lemos num livro ou escutamos à nossa volta não passa de símbolos da Verdade.

Palpáveis e impalpáveis; o visível e o invisível

Os frutos nas árvores e as searas nos campos são símbolos do suprimento. Não são o suprimento em si, pois este é invisível e se acha dentro de nós. Em meu livro *The Infinite Way*, ilustro esse princípio com uma laranjeira. As laranjas, mesmo para o agricultor, não são suprimento, pois, depois de colhidas e vendidas, ou quando o vento as espalha pelo chão ou são destruídas por qualquer outra razão, o suprimento continua lá. O suprimento age no interior da árvore e, na devida estação, aparecerá sob a forma de uma nova colheita de laranjas. Colhida essa safra, o suprimento não acabará, pois o veremos ressurgir na próxima estação sob a forma de uma nova colheita.

Guerras e depressões têm privado muita gente da sua riqueza e abundância; as pessoas passam por carências e limitações, às vezes por penúria total. Muitas, porém, conseguem se restabelecer, não raro em condição melhor que antes, porquanto, embora tenham perdido seu dinheiro, não perderam a capacidade de ganhá-lo. Em suma, não perderam seu suprimento. Ainda têm a inteligência, a energia, as idéias ou a inspiração que criaram sua fortuna original. Idéias, inspiração, inteligência, sabedoria, serviço e amor atraem as formas de suprimento, mas são eles próprios invisíveis. Visíveis são apenas os resultados.

Quando uma empresa é posta à venda, sua reputação costuma ser considerada parte do patrimônio. Sei de uma firma que vendeu seu ativo por 500 mil dólares, mas seu renome por um milhão. Sua reputação, invisível, valia mais que os bens físicos da companhia. Ninguém jamais verá, ouvirá, degustará, tocará ou cheirará a reputação: ela é intangível.

Passa-se o mesmo com todos os poetas, escritores, escultores, pintores, compositores. Seu talento invisível é a substância daquilo que se materializa na forma de poemas, de livros, de telas, de ensinamentos e de outras formas de arte. Seu suprimento é a luz interior, a inspiração.

O suprimento está incorporado em nós

O erro de muitos preceitos religiosos está na crença de que o suprimento é algo que vem até nós; por isso gasta-se um tempo precioso em pedi-lo.

Sabemos que qualidades espirituais, como integridade, lealdade, moralidade e caridade fazem parte da nossa consciência. Não oramos para que essas qualidades nos sejam acrescentadas; elas são qualidades que exprimimos. Se as exprimimos ou não na plenitude do nosso entendimento, é outro problema.

O suprimento é tão espiritual quanto essas qualidades. Ele também não é alguma coisa que venha até nós: está incorporado em nós e temos de expressá-lo. Fazemos isso atirando nosso "pão" às águas e recebendo-o de volta como suprimento. Esse é o único suprimento a que estamos espiritualmente habilitados. Não nos é permitido arrebatar o suprimento do próximo. As prisões estão cheias de pessoas que tentaram surrupiar o pão lançado às águas pelos outros.

Como lançar o pão às águas

O Mestre nos deu inúmeros exemplos de como lançar nosso pão às águas: perdoando, orando pelos nossos inimigos, compartilhando e contribuindo.

Perdoar e orar pelos nossos inimigos

Jesus Cristo disse-nos para perdoar setenta vezes sete aqueles que de algum modo nos ofenderam. Ensina-nos a orar pelos que abusam de nós sem piedade, pelos que nos perseguem. E isso não se restringe às pessoas que nos prejudicam pessoalmente. Lembremos que quem agride o meu vizinho agride a mim também. Se agride o meu país, agride também a mim. Se agride a minha família, agride igualmente a mim. Em última análise, se agride o mundo, também agride a mim, pois somos parte de um todo. Desde que só há um Deus, Pai de todos nós, somos irmãos e irmãs: quem ofende a um de nós, ofende a todos nós. Por isso, fomos chamados à lei de Cristo para perdoar aos nossos ofensores, aos que nos perseguem e aos que abusam de nós.

Devemos orar mais pelos nossos inimigos do que pelos nossos amigos. Diz o Mestre que de nada vale pedir pelos amigos. Devemos também orar pelos nossos inimigos para sermos filhos de Deus; e, como filhos de Deus, somos herdeiros de Deus, coherdeiros com Cristo de todo o suprimento que o céu detém. Tornamo-nos herdeiros das riquezas celestes que Deus tem para distribuir somente quando aprendemos a rezar por nossos inimigos e pelos inimigos da humanidade, perdoando aqueles que nos têm ofendido. Ainda que nos ofendam 489 vezes, temos de perdoá-los setenta vezes sete (490). Perdoar o próximo e rezar pelos inimigos são as duas maneiras de demonstrar o nosso suprimento espiritual.

Compartilhar

Em verdade vos digo que, cada vez que o fizestes a um desses meus pequeninos irmãos, a mim o fizestes.[7]

O bem que fazemos ao próximo, fazemo-lo a nós mesmos. Não há senão uma individualidade. Não há senão um Deus e,

7. Mateus, 25:40.

portanto, uma única vida. Minha vida é, pois, tua vida. A vida que corre em minhas veias corre nas tuas. A inteligência que em mim se manifesta manifesta-se em ti. A alma que anima meu ser anima o teu. Só há um *eu. Eu* é Deus; Deus constitui meu ser. É minha vida e tua vida porque há apenas uma vida. Deus é minha mente e tua mente porque há apenas uma mente. Deus é minha alma e tua alma porque temos a mesma alma. Temos a mesma alma, a mesma vida, o mesmo espírito e o mesmo ser. Por isso, o bem que fazemos ao próximo, fazemo-lo a Deus, que é a nossa divina individualidade. O bem que fazemos ao próximo, fazemo-lo a nós mesmos.

Em outras palavras, enviar um cheque a alguma entidade filantrópica, beneficente ou assistencial é o mesmo que depositá-lo em nossa própria conta. A compensação poderá demorar algum tempo, mas será feita porque o depositamos para nós mesmos.

O que quer que fizermos aos outros, fá-lo-emos a Deus, nossa divina individualidade. O mal que praticarmos contra o próximo será praticado contra nós próprios, porque existe só um eu. Ninguém pode ferir a outrem sem ferir a si mesmo. A injustiça ou a injúria assacada ao próximo volta-se contra nós.

Ninguém, a não ser nós próprios, deve ser responsabilizado pelos nossos problemas. Criamos o nosso próprio karma. Ou seja, o bem que hoje fazemos, no final nos beneficiará; o mal que hoje fazemos, no final nos prejudicará. Geramos o nosso próprio futuro a cada instante que vivemos, pois há só um eu e, o que quer que fizermos, estaremos fazendo para nós.

Gratidão

Outra maneira de "lançar nosso pão às águas" é demonstrar gratidão, que pode assumir diversas formas. Muito da caridade praticada no mundo, não importa sob que forma, tem provavelmente sua origem na gratidão. Alguém se sente grato por alguma coisa e envia um cheque à entidade beneficente de sua preferência. De regra, o sentimento de gratidão inspira esses atos caritativos.

A gratidão toma ainda outra forma. Para mim, a expressão suprema da gratidão é a consciência de que Deus constitui a fonte invisível de tudo o que é visível, e de que Ele se faz responsável por todo o bem da Terra e dos outros planetas. Não creio que agradeceria jamais a Deus pelo que possuo ou pelo que me é dado, pois não acredito num Deus que só a mim dá e só a mim envia. Não acredito que Deus criou a luz do sol, a chuva ou os rebanhos que estão sobre milhares de colinas especialmente para mim. Acredito, isso sim, que essas coisas existem como expressão do ser infinito de Deus, de Sua infinita abundância, disseminada por todos os Seus filhos e filhas, e não só para um punhado de eleitos.

Agradecer pelos peixes das águas, pelos pássaros do ar, pelos rebanhos nas colinas, pelas árvores que florescem, por tudo aquilo que testemunhamos desde a manhã até a noite, pelo fato de o princípio da vida atuar para nós, mesmo enquanto estamos dormindo, constitui, creio eu, a mais elevada forma de gratidão, já que nela nada há de pessoal. Trata-se de um sentimento de gratidão o constatar que a infinidade de Deus é onipresente para todos.

A circunstância de só uns poucos partilharem dessa infinita abundância nada tem a ver com Deus. Não há favoritismo da parte de Deus. Ele não dá mais a um que a outro. Deus não tem filhos favoritos, raça predileta, nação eleita; não recompensa os virtuosos nem pune os pecadores. É difícil acatar a doutrina de que Deus recompensa os virtuosos e pune os pecadores quando vemos tantas pessoas gentis e bondosas padecendo de doenças e passando por necessidades enquanto malfeitores são contemplados com saúde e fartura.

O suprimento está na razão direta da receptividade. O nível de gratidão que exprimimos, a quantidade de pão que colocamos nas águas sob a forma de benevolência, de perdão, de preces pelos inimigos, etc., demonstram a nossa receptividade, porque estamos exprimindo, então, o princípio espiritual do suprimento.

Contribuir

Anos atrás, demonstrava-se gratidão contribuindo para a Igreja, fonte do conforto e do alimento espiritual. A Igreja era, com muita freqüência, a única fonte de ajuda material. Quando o tributo à Igreja se devia a um sentimento de gratidão por sua benevolência, era uma bênção tanto para quem dava quanto para quem recebia. Entretanto, alguns indivíduos finórios calcularam que, se dessem 10%, poderiam ter um retorno de 90%, de sorte que o dízimo se tornou uma questão de porcentagem. Em virtude disso, ele perdeu a eficácia e deixou de ser um costume geral, embora persista entre os mórmons, os quacres e alguns outros grupos minoritários. Em geral, porém, o dízimo já não é considerado, como antes, um meio de demonstrar gratidão por aquilo que recebemos da fonte espiritual da nossa vida.

A contribuição à Igreja, quando praticada anonimamente (conforme nos ensinou o Mestre), é uma alegria, um prazer, um privilégio para aqueles que a redescobrem. O dízimo oferecido sem que ninguém o saiba e com a gratidão como sua única motivação leva a descobrir que há realmente um Pai que recompensa abertamente. "[...] e teu Pai, que vê em segredo, te recompensará publicamente."[8] Entretanto, não se há de contribuir com vistas

8. Mateus, 6:4.

à recompensa, pois nesse caso tratar-se-á de um contrato comercial e não mais de uma atividade espiritual.

Hoje em dia, a Igreja já não constitui a única opção de beneficência. A ajuda material aos necessitados é proporcionada por inúmeras instituições de caridade, fundações, entidades médicas, hospitais, orfanatos, escolas para excepcionais e asilos para idosos, bem como por programas municipais, estaduais e federais de assistência. Conseqüentemente, o dízimo pode agora ser encaminhado não apenas à nossa fonte espiritual, mas também a essas outras fontes de beneficência. Dessa forma, provamos que amamos ao próximo como a nós mesmos, e o próximo é pessoa de qualquer religião, raça ou credo, não só o de nossa própria confissão. Não ficamos à espera de suprimento; demonstramos que já o temos, ainda que expresso em apenas alguns centavos.

> *E Jesus... observava como a multidão lançava o dinheiro na arca do tesouro; e muitos ricos lançaram muitas moedas. Vindo, porém, uma pobre viúva, lançou duas pequeninas moedas, que valiam um quadrante. E, chamando a si os discípulos, disse-lhes: "Em verdade eu vos digo que esta pobre viúva lançou mais do que todos os que ofereceram moedas ao Tesouro, pois todos os outros deram do que lhes sobrava. Ela, porém, na sua pobreza, ofereceu tudo o que tinha, todo o seu sustento."*[9]

Algumas pessoas distribuem imensas fortunas e mesmo assim não são mais abençoadas que a viúva que deu o óbolo. O que importa não é a quantidade de moedas que se dá, mas a proporção entre o que se tem e o que se oferece. É impossível avaliar quanto devemos dar; a única referência é quanto amor estamos expressando, quanta cooperação, quanto reconhecimen-

---

9. Marcos, 12:41-44.

to, quanta prece, quanto perdão, quanto damos em segredo, sem chamar a atenção dos outros para a nossa bondade.

A demonstração do suprimento

Compreender a diferença entre suprimento e formas de suprimentos é uma das lições mais úteis que podemos aprender na vida. Quando nos conscientizamos desse princípio, deixamos de tentar fazer com que as formas de suprimento se manifestem e descobrimo-nos na posse da abundância. Por quê? As formas de suprimento não são permanentes. Quando se desgastam, precisamos fazer todo o trabalho de novo. Demonstrar um renovado suprimento de formas todas as semanas, todos os meses, é extremamente cansativo e desnecessário.

Quando demonstramos o suprimento espiritual, as formas do suprimento se esfumam para sempre e nunca mais temos de nos preocupar com o que comer, beber ou vestir. Demonstremos o suprimento espiritual de uma vez por todas e deixemos que ele assuma exteriormente as formas que preferir.

Para demonstrar o suprimento espiritual, tudo o que precisamos demonstrar é Deus, reconhecendo que o suprimento é Deus e Deus é o suprimento. Precisamos manifestar a constatação de Deus dentro de nós, a consciência de Deus e a certeza da Presença Divina. Feito isso, o resto virá automaticamente. Ano após ano, no devido tempo, uma nova seara irá florescer. Sempre que um par de sapatos é necessário, ele aparece. Toda vez que um automóvel se faz imprescindível, ei-lo que surge. Quando o aluguel vence, pode ser pago. Por quê? Porque demonstramos o suprimento *infinito*.

No Caminho Infinito, só há uma demonstração a fazer: a constatação da própria consciência. Não podemos fazer essa demonstração em lugar algum fora de nossa consciência, pois não se trata de uma experiência exterior a nós: trata-se de uma experiência que ocorre no âmago da nossa consciência.

Demonstremos a contestação de Deus como Fonte e como Origem de todo suprimento; possuindo Deus, possuiremos tudo o que Deus possui. "Filho, tu sempre estás comigo e todas as minhas coisas são tuas." Enquanto estivermos com Deus e enquanto tivermos Deus conosco, teremos suprimento. Ele surgirá exteriormente como saúde, como dinheiro, como transporte ou como qualquer outra coisa de que precisemos.

CAPÍTULO 2

Segredo: O Princípio Místico Fundamental

O segredo é um dos maiores poderes positivos já disseminados pelo mundo. O leitor encontrará o princípio do segredo mencionado em muitos dos meus livros, mas agora pretendo examiná-lo com a máxima profundidade, pois tudo se baseia nele. Sem o segredo, cumpre renunciar à esperança de progredir, pois, no momento em que se viola o segredo espiritual, perde-se Deus.

O segredo espiritual

No passado, quando orávamos e conseguíamos uma cura, ou o suprimento aumentava, talvez achássemos que estivéssemos fazendo um favor a Deus contando aos nossos amigos como era vantajoso rezar e quantas coisas boas se conseguia por meio da oração. Pois digo que essa é a maneira mais rápida do mundo de perder Deus!

Disse o Mestre ao leproso que curara:

Olha, não digas nada a ninguém; porém vai mostrar-te ao sacerdote [...].[1]

Quando comecei o Caminho Infinito, se dissesse da tribuna que há dois meses eu estava passando por uma iniciação interior e que recebera uma mensagem, as pessoas me chamariam de maluco, pois poucas estavam preparadas para recebê-la. Somente as que haviam testemunhado os frutos dessa mensagem poderiam acreditar, como de fato acreditaram, pois

[...] *o homem natural não compreende o que vem do Espírito de Deus. É loucura para ele; não pode entender, pois isso deve ser julgado espiritualmente.*[2]

Se contarmos aos membros da nossa família, aos amigos ou aos vizinhos sobre uma experiência espiritual que tivemos e que produziu os mais esplêndidos resultados, logo perceberemos que eles passam a nos evitar. Não se pode esperar que compreendam algo que jamais experimentaram ou testemunharam, pois não conseguem ver com os nossos olhos ou conhecer com a nossa mente.

Um livro pode conter os mais profundos segredos, mas só os apreciaremos depois que eles penetrarem na nossa consciência a ponto de conseguirmos discerni-los espiritualmente. É o que se dava com os antigos pescadores de pérolas: enquanto sua consciência não reconhecia as pérolas como algo de valor, os pescadores não precisavam ser vigiados, nem as pérolas guardadas. O mesmo pode-se dizer dos velhos mineiros de diamantes. Os pescadores e os mineiros precisaram se dar conta do valor das pérolas e dos diamantes para que eles passassem a querer possuí-los.

---

1. Marcos, 1:44.
2. Coríntios, 2:14.

Há segredos em meu livro *The Thunder of Silence* que só foram revelados a menos de 1% dos leitores, pois são segredos que ainda não estão ao alcance da experiência da maioria deles. Por isso peço que guardem para si toda experiência espiritual. Quando tentamos revelar esses segredos, chocamo-nos com o muro da descrença alheia.

Mantenham em sagrado sigilo qualquer experiência espiritual por que passarem, até mesmo a harmonia, a saúde ou o suprimento que possam advir em conseqüência dela. Nunca dêem testemunho a respeito. Não falem disso aos amigos ou parentes, caso puderem evitá-lo. Tentem agir como se essas demonstrações da graça divina fossem muito naturais e não uma espécie de milagre que ocorreu em virtude de um tratamento ou de uma oração. Nós não precisamos alardear as nossas curas e demonstrações, pois Deus as insuflará na consciência daqueles que estiverem prontos para compreender. Na verdade, ter conhecimento dessas experiências não fará bem algum aos outros.

À medida que vamos tomando consciência de Deus e mantemos em segredo essa conquista, transformamo-nos numa influência silenciosa em todas as assembléias do mundo. Não ficaremos famosos nem o mundo nos erguerá monumentos, mas, graças a essa maneira silenciosa de agir, contribuiremos para a saúde e para a harmonia da nossa família, dos nossos amigos e parentes, de nossa comunidade, em suma, do mundo inteiro. Entretanto, só conseguiremos fazer isso se guardarmos o segredo, cientes de que aquilo pelo qual passamos é sagrado. Guarde isso para você.

O que podemos compartilhar, e com quem

Se começarmos a alardear os frutos da vivência espiritual, logo alguém se aproximará perguntando qual a verdade que ocultamos. Ele, entretanto, não deseja realmente conhecer essa verdade — quer apenas os frutos dela! Tudo o que Pilatos desejava saber era o modo de multiplicar os pães e os peixes, curar os enfermos e influenciar multidões. É que a maioria das pessoas visa os resultados, não os princípios. O melhor então será voltar as costas e ir embora, pois, quando não somos espiritualmente sábios e divulgamos o segredo, os outros acabam por dizer: "Ah, já ouvi falar dessas coisas. Tudo bobagem!" Então nos quedamos com um vazio na alma, como se houvéssemos dado uma pérola caríssima, que foi recusada, ou como se a tivéssemos perdido e já não possuíssemos tanto quanto antes.

Fiquemos satisfeitos em compartilhar o "leite", o alimento espiritual que se digere com mais facilidade. Compartilhemos livros, fitas ou delicadas alusões à Verdade, e procuremos distribuir a cura o máximo que pudermos. Isso podemos compartilhar, e compartilhar sem reservas. Podemos compartilhar a letra da Verdade, o princípio da Verdade, mas nunca as nossas experiências. Deixemos que cada um tenha as suas.

Quando encontrarmos alguém em busca da Verdade, tratemo-lo como nós mesmos fomos tratados. Podemos dar-lhe ou recomendar-lhe um livro. Mas deixemo-lo avançar também graças aos seus próprios esforços, lentamente, suavemente, gradualmente ao longo da letra da Verdade, pois o maior erro do mundo metafísico e espiritual é acreditar que podemos ajudar alguém a entrar no céu. Em meus 32 anos de experiência, descobri que aqueles que têm a capacidade de alcançar a Verdade espiritual de fato a alcançam. Sua associação comigo nessa empresa ajudou, mas não fui eu quem os conduziu à verdade, nem o Caminho Infinito, e sim a receptividade deles à mensagem do Caminho Infinito. As pessoas que não têm essa capacidade não a alcançarão nem que eu passe dias, semanas ou meses instilando nelas a mensagem. Tudo o que faço é riscar o fósforo e acender a fogueira das suas esperanças espirituais... desde que tenham providenciado a lenha. Uma vez que também me ajudaram a subir, posso fazer o mesmo com elas durante um trecho da escalada. Entretanto, é a sua receptividade à mensagem e o desenvolvimento da sua capacidade espiritual que as fizeram vencer.

Portanto, dividamos o "leite" enquanto mantemos as nossas experiências espirituais encerradas dentro de nós.

Há uma exceção a essa regra. Se vocês conhecerem um agente de cura realmente idôneo que trilha o caminho espiritual, não hesitem em compartilhar com ele suas experiências no campo da espiritualidade. Fazendo isso, estarão derramando seus tesouros espirituais no segredo dessa pessoa, tesouros que serão bem acolhidos e se tornarão ainda maiores. Quanto mais fundo e mais longe vocês forem, mais numerosas serão as revelações que o agente de cura lhes transmitirá, pois então estarão aptos a acolhê-las sigilosamente, incorporá-las e mantê-las quais sementes plantadas no solo.

Se permanecerem nesse caminho, não há dúvida de que passarão por experiências espirituais. Deus estará dentro de vocês como num tabernáculo; testemunharão o Espírito de Cristo vez por outra; receberão a Verdade na consciência; ouvirão a voz num suave sussurro. Mas se isso acontecer, não façam alarde. Não tentem convencer ninguém. Deixem de lado a idéia de que poderão salvar o próximo falando-lhe de suas maravilhosas experiências, pois todos rirão de vocês. Na melhor das hipóteses, pedirão que lhes "removam um caroço" ou os curem de alguma maneira — e isso será tudo o que terão a tirar do que vocês lhes disserem. Sua resposta denunciará a superficialidade do entendimento dessas pessoas.

Lembrem-se, então, de que o primeiro e mais importante princípio da vida mística é o segredo. Mantenham guardado aquilo que conhecem e aquilo que experimentam. Que isso fique dentro de vocês como a semente dentro da terra. Alimentem-na, façam-na germinar, e mais tarde compartilhem seus frutos.

Oração silenciosa

O Mestre enfatizou a oração silenciosa. Já no começo do Sermão da Montanha, Ele ensinou que devemos rezar em segredo, e não para sermos vistos. Ensinou que aqueles que oram em público recebem benefícios dos outros, mas deixam de receber os que vêm de Deus, que são maiores. É importante não se esquecer disso. Temos uma escolha a fazer. Ambicionamos mais a aprovação humana do que a graça divina?

Não façam suas orações num local onde possam ser vistos pelos outros e receber sua aprovação. Especialmente nas pequenas comunidades, as pessoas que vão regularmente à igreja são consideradas bons cristãos. Todavia, o Mestre disse que, ganhando a aprovação do vizinho, perdemos a Graça de Deus. E vocês fazem isso! Eis uma das razões pelas quais as preces são raramente atendidas. É que estamos violando os termos da prece. Vejamos por que isso acontece.

Qual é a fonte da prece atendida? Se vocês estivessem orando no meio de um grupo, de quem esperariam uma resposta? Das pessoas sentadas no salão ou de Deus? Está claro que não esperamos resposta dos nossos companheiros. Eles podem pensar que somos bons cristãos ao ver-nos orar, mas isso de modo algum seria uma resposta às nossas preces. Então, de onde vem a resposta às preces que vocês fazem? De Deus! E onde está Deus? Está dentro de vocês. Mas e vocês, onde estão quando oram? Estão no meio de uma sala e suas palavras nunca chegarão ao trono de Deus. Chegarão apenas até o nível de aprovação daqueles que se sentam à sua volta para vê-los orar. Suas mentes não se acham nesse momento com Deus.

Para que suas mentes estejam com Ele, vocês devem distanciar-se da influência da multidão. Devem habitar o santuário do seu próprio ser, num local onde não possam ser interrompidos pelo chamado do telefone nem distraídos pela presença ou pelo rumor de pessoas à sua volta, ou mesmo pelo perfume que estiverem usando. Se quiserem comungar com Deus, é preciso que estejam sozinhos a ponto de nem sequer ouvirem um grito de socorro. É preciso que calem o mundo inteiro. Deus está mais próximo do que a sua respiração, mais perto do que suas mãos e seus pés — mas escondido lá dentro de vocês.

Se quiserem romper o véu da ilusão, da superstição, da ignorância de Deus, do culto dos falsos ídolos, devem ir para algum lugar — sob as estrelas ou debaixo das árvores, para seu quarto — onde possam estar tão perto de Deus que não consigam ouvir nem mesmo o trinado dos pássaros. Quando penetramos em nosso santuário interior, fechamos a porta, bloqueamos nossos sentidos e calamos o mundo, permanecendo em segredo dentro de nós mesmos; então o Pai que tudo vê nos recompensará abertamente.

O princípio da discrição na oração e na caridade é um dos segredos perdidos. O mundo inteiro vem violando esse princípio. As igrejas o ignoram, mas as palavras do Mestre no Novo Testamento permanecerão para sempre e não se pode ficar surdo a elas.

Se compreenderem a natureza do segredo, compreenderão também que, se Deus é por nós, não faz diferença que o mundo inteiro seja contra nós. Não faz diferença a opinião dos outros a nosso respeito se contamos com a opinião favorável do Pai, que vê na escuridão.

De nada vale ostentar uma face beata para induzir os outros a pensar que somos virtuosos e honestos. Isso não é da conta deles. E também não é da conta deles o relacionamento que temos com Deus. Apenas a nós diz respeito o fato de estarmos tão unidos a Deus que vivemos de acordo com Suas leis e não as desejamos violar. Assim, conforme preceituou o Mestre, não façam como os hipócritas: não vistam farrapos imundos, não orem em voz alta nas esquinas, para serem vistos e considerados santos. Sim, não façam nada disso. Usem suas roupas de sempre, mantenham uma aparência agradável e normal, e conservem em segredo seu relacionamento com Deus.

Dêem esmolas em segredo

Quando queremos nos aproximar honestamente de Deus, quando queremos realmente orar, o que precisamos acima de tudo é de privacidade, de sossego, de solidão — de uma atmosfera de paz. A última coisa que desejaríamos seria uma testemunha. Nossas preces, nossos atos de caridade e nossas comunicações íntimas são tão sagrados que têm de ser mantidos em segredo. Jamais acreditem que seus atos de caridade e de beneficência possam lhes trazer benefícios caso alguém mais tenha notícia deles. Poderão ver nas colunas dos jornais os nomes daqueles que contribuíram para esta ou para aquela obra de caridade. Esses atos são uma bênção para quem se beneficia deles, mas não para quem os pratica. Fiquem certos disso! Trata-se de um princípio espiritual!

Dar é uma forma de orar porque, assim, fazemos aos outros o que gostaríamos que nos fizessem. Dar é amar o nosso próximo como a nós mesmos — é, portanto, uma prece. A prece de benemerência, de caridade, de doação e ajuda é sagrada. E, por ser sagrada, deve ficar oculta. Consiste em algo que se passa entre o Pai e vocês, pois o que quer que dêem não lhes pertence. Pertence a Deus. Lembrem-se de que a Terra, com tudo o que nela há, é do Senhor — não de vocês. Vocês podem ser os guardiões, no momento, de um dólar ou de um milhão de dólares, porém isso não é seu! Assim, quando dão, estão atuando como meros agentes do Pai, e o Pai não deseja publicidade, pois Seu amor é universal, impessoal e imparcial. O ato de dar deve permanecer em sigilo. Deve ser tão sigiloso quanto a oração, e a oração não deve ser feita em público.

Querer ajudar o próximo é talvez a atitude mais nobre que existe; mas não há nada de nobre em dar e permitir que outros, além de Deus, o saibam. Recebemos os nossos suprimentos por um ato de Graça e temos o privilégio de compartilhá-los quanto quisermos. Mas se auxiliamos alguém, tudo se passa entre nós (e o nosso coração) e Deus. Não é da conta de ninguém, é assunto entre nós e o nosso Pai, que nos proporcionou os meios de ajudar. Afinal, se estamos prestando auxílio a alguém, isso interessa apenas a Deus e a nós, e a ninguém mais. Será agradável, para os necessitados, apregoar ao mundo que eles precisaram de caridade e a aceitaram? Sem dúvida ficarão embaraçados e humilhados se tiverem notícia de que seu vizinho ou sua comunidade sabem de sua pobreza.

Divulgar atos de caridade lembra o desejo de ser benquisto pelo público, o que afasta a Graça de Deus. Dêem suas esmolas com discrição, e Deus — a quem nenhum segredo escapa — os recompensará abertamente.

Quando estiverem necessitados, lembrem-se de que "o Pai sabe o que lhes é necessário antes de Lho pedirem."[3] Quem melhor que Deus nos poderia dar isso? Não precisamos ir procurar ninguém na suposição de que, se procurarmos um grande número de pessoas, uma delas acabará nos ajudando. Se mantivermos ocultas nossas necessidades, logo elas serão superadas, pois o

---

3. Mateus, 6:8.

Pai que está dentro de nós, e vê secretamente, recompensa às claras.

As virtudes serão apregoadas aos quatro ventos

Ao manter "eu e meu Pai somos um só" dentro de vocês mesmos, em santidade e em segredo, lembrem-se de que isso também significa "eu e meu próximo somos um só", pois proviemos do mesmo Pai. Somos ramos do mesmo tronco. Estamos unidos na árvore da vida. Se apreenderem essa verdade, não precisarão divulgá-la: todos saberão que o amor, a compaixão, a solidariedade e a cooperação governam suas relações com os outros.

É o mesmo que ser honesto ou virtuoso. Não é preciso dizer a ninguém que se é honesto ou virtuoso porque, como pontificava Emerson, "Aquilo que és grita tão alto que não me deixa ouvir o que dizes". Assim, se houver integridade em nós não falemos disso aos outros; deixemos que eles o percebam por si mesmos. Se houver virtude em nós, não falemos disso aos outros; deixemos que eles o percebam por si mesmos. Se houver caridade e perdão em nós, não falemos disso aos outros; deixemos que eles o percebam por si mesmos. Por meio do nosso próprio sigilo, Deus de algum modo dará a conhecer nosso caráter ao mundo. Jamais precisaremos trombetear isso, e ainda nos beneficiaremos com o fato de manter dentro de nós mesmos o nosso bem secreto e o nosso relacionamento com Deus.

Um dos males da loquacidade é que deixamos "escapar" o nosso bem. É como se inventássemos um aparelho e, depois de anunciar a façanha a todos, fôssemos solicitar a patente... só para descobrir que outros já o tinham feito. É como a mulher que esperou meses para comprar um casaco de pele na liquidação e, quando chegou a ocasião, telefonou imediatamente aos parentes e amigas para tagarelar a respeito; mas, ao chegar à loja, descobriu que todo o estoque já fora vendido.

Nossa experiência no mundo é a externalização do nosso estado de consciência. Não precisamos falar sobre o que se passa em nossa consciência: o que ali se passar será por si mesmo externalizado. Em outras palavras, se vivermos dia e noite com a constatação de que "eu e meu Pai somos um só, estou sempre com meu Pai e tudo o que o Pai possui é meu"; se nos apegarmos a essa verdade e a mantivermos fechada dentro de nós, no final os outros perceberão que isso é absolutamente verdadeiro. Seria pueril divulgá-lo, pois ninguém acreditaria. Aquilo que está entranhado em nós sob a forma de consciência torna-se evidente. Não é necessário apregoá-lo.

Vivamos na certeza de que o Reino de Deus está dentro de nós e comuniquemo-nos com Deus em segredo.

Ignoremos o "homem cujo fôlego está no seu nariz, com efeito, que pode ele valer?".[4]

Vivamos nossa vida interior em secreta contemplação com o Pai. Estamos agora em comunhão com o vinho, com o Cristo interior. Vivamos nossa vida plenamente, em íntima associação com Deus, bloqueando os caminhos e canais exteriores, e extraindo o bem da nossa interioridade.

Não confieis em príncipes, nem em filhos de homens, em quem não há salvação.[5]

4. Isaías, 2:22.
5. Salmo 146:3.

CAPÍTULO 3

O Princípio da Meditação Contemplativa

Muitos ensinamentos religiosos nos querem fazer crer que o Espírito do Senhor está em toda parte. Mas se isso fosse verdade, todos seriam livres, saudáveis, ricos, independentes, felizes e harmoniosos, e não existiria escravidão, servidão, penúria ou limitação. Ora, não são essas as condições do planeta, de modo que esses ensinamentos não podem ser verdadeiros.

É como dizer que a eletricidade está em toda parte. Sim, mas se ela não for ligada à nossa rede, em nada nos beneficiará. Acontece o mesmo com o Espírito do Senhor. Num sentido absolutamente espiritual, de fato o Espírito de Deus está em toda parte; mas se não percebemos Deus, se não entramos em contato com Deus, se não sentimos a presença real de Deus, então Ele não está presente para nós. O princípio do Caminho Infinito sustenta que o Espírito do Senhor encontra-se apenas onde é percebido.

A percepção de Deus

O segredo todo consiste na palavra *consciência.* Se estiverem cientes da presença do Senhor, se estiverem cientes da atividade de Deus, então ele se aproximará de vocês. Para desenvolver essa consciência, nós meditamos ou procuramos a ajuda de um profissional. Caso não consigamos por nós mesmos perceber o Espírito do Senhor, o melhor é procurarmos alguém que mostrou ter capacidade (inata ou adquirida) para perceber Deus. Se vocês puderem contactar a consciência de um Jesus Cristo, de um São João ou de um São Paulo, seus problemas acabarão e a harmonia será instantaneamente restabelecida, pois terão entrado em contato com a consciência de alguém que atingiu a percepção de Deus. Não faz diferença se essa pessoa é um estudioso do Caminho Infinito, um adepto da Igreja de Cristo Cientista ou da Unity, desde que haja realmente alcançado a consciência de Deus. Por outro lado, se não a alcançou, pouco importando o ensinamento que siga, o único benefício que se poderá esperar dele será um certo consolo humano. Não haverá demonstração de saúde, de harmonia, de plenitude, de completude ou de perfeição.

Os adeptos do Caminho Infinito têm mais possibilidade de atender às suas necessidades com maior prontidão e segurança devido ao ensino avançado do Caminho Infinito para se atingir a consciência de Deus. No entanto, o ensino em si não bastará: é o grau de percepção de Deus atingido por aquele que pratica o Caminho Infinito que determinará se ele pode ou não atender às suas necessidades. O único valor de uma verdade, qualquer que seja ela, é o grau de percepção que dela tivermos.

Sim, vocês poderão encontrar uma pessoa capaz de ajudá-los ou de proporcionar-lhes uma cura em particular, mas tenham em mente que, se não desenvolverem sua própria consciência espiritual, não ficarão permanentemente livres dos males humanos. O Mestre deixou claro: "Se eu não me for, o Consolador não virá para vós." (Jo., 16:7.) Se eu, Joel, fizer todas as demonstrações de vocês dia após dia, o que lhes acontecerá quando eu me ausentar? Isso é o que tem sucedido a muitos cujas pessoas que os ajudaram se foram. Não fiquem presos nessa armadilha! *Vocês* é que têm de conhecer a Verdade. Estudem e pratiquem os princípios do Caminho Infinito, comecem a entrever a Verdade, declarem-na, vivenciem-na e trabalhem com ela, tornando-se permanentemente livres dos males humanos.

Nossa única razão para encetar o caminho espiritual é desenvolver a consciência espiritual. Não se nega que, quando palmilhamos esse caminho, descobrimos que muitos dos nossos males humanos desaparecem e uma grande harmonia se instaura em todos os nossos relacionamentos humanos; entretanto, não são essas as razões pelas quais seguimos o caminho espiritual — elas não passam de acessórios. A única maneira de superar com êxito a desarmonia, a discórdia, o pecado, a doença e, por fim, a morte, é desenvolver a consciência espiritual.

A consciência espiritual

O que é consciência espiritual? Consciência espiritual é a fé e a confiança no Invisível Infinito de todas as coisas. A percepção espiritual, ou consciência, revela que existe um só Deus, uma só Vida, um só Amor, uma só Substância, uma só Lei, uma só Atividade, uma só Causa e um só Efeito — qualquer sinônimo de Deus que se conheça.

A consciência material conta com alguma coisa do mundo exterior. Por exemplo, uma pessoa materialista diz que, para ir daqui a São Francisco, é preciso ter certa quantia de dinheiro. O espiritualista afirma que a viagem depende da Graça de Deus, a qual não pode ser vista nem ouvida, nem palpada.

O materialista sustenta que a aspirina cura a dor de cabeça. O espiritualista não tem dúvidas de que a saúde é uma atividade de Deus e de que a Graça de Deus é a fonte da saúde.

O espiritualista sabe que as coisas visíveis são apenas a manifestação exterior do invisível. A Bíblia não surgiu da consciência invisível dos santos e dos profetas que falaram ou escreveram aquelas palavras? Do invisível, suas palavras passaram para o visível, para a expressão concreta: a Bíblia. Essas palavras, entretanto, apenas os ajudarão a regressar ao invisível, a partir do qual mais palavras fluirão através de vocês. Viver unicamente nas palavras impressas é viver num efeito, numa casca, e vocês perderão a oportunidade de ouvir mais palavras brotadas da mesma fonte. Viver na percepção do invisível como fonte do visível é viver na verdadeira substância da vida, pois nem só de pão vive o homem, mas também de toda palavra que sai da boca de Deus. O pão não é o esteio da vida; a palavra de Deus o é; aquelas palavras que fluem do nosso invisível interior para o visível exterior.

As pessoas acreditam que, se forem a muitas lojas, acabarão por encontrar determinado artigo a preço justo. Esse é o caminho humano. O caminho espiritual, porém, consiste em perceber que ele não pode ser encontrado numa loja. É um dom de Deus que está dentro de nós; já nos foi dado, e desejamos vê-lo manifesto no mundo exterior. Quando nos damos conta de que ele já está estabelecido dentro de nós, no invisível, de alguma forma somos levados à loja certa, no exato momento em que acaba de ser exposto na vitrina — ali, esperando por nós!

Nunca devem ir ao mercado para comprar alimentos sem reconhecer que a substância real está dentro de vocês. Assim, enquanto fazem as compras, perceberão que a consciência espiritual os está guiando, de sorte que economizarão tempo e dinheiro.

Antes de encetar qualquer atividade na vida, voltem-se para a Fonte, que é Deus. A fonte de tudo no mundo é Deus — mesmo do descanso. Deus é a Fonte, a Atividade, a Substância. Quando nos ocupamos do espírito, passamos a confiar apenas no Invisível Infinito e a depender dele. À medida que vamos nos desprendendo pouco a pouco dos valores mundanos da vida, desenvolvemos a consciência espiritual. E desenvolver a consciência espiritual pode tornar-se a esfera maior da nossa vida.

Se incorporamos a verdade, transformamo-nos em agentes da cura. Talvez vocês não venham a ser profissionais, mas poderão exercer essa atividade no círculo de amigos e familiares que aspiram à cura espiritual.

Como desenvolver a consciência espiritual

Desenvolvemos a consciência espiritual por meio da ação da verdade em nossa consciência. Isso exige dois passos.

O primeiro passo a ser dado pelo principiante é ler e ouvir a Verdade, bem como se expor a ela. Quanto mais lermos e contemplarmos as declarações das Escrituras, assim como afirmações absolutamente verdadeiras da metafísica, mais nos ligaremos àqueles que estão no caminho; e quanto mais espiritualizarmos o pensamento, mais fomentaremos a ação da Verdade em nossa consciência. Os anos todos que passamos lendo a verdade, ouvindo a verdade, pensando na verdade, freqüentando serviços religiosos, conferências ou aulas — são valiosos para nos conduzir ao segundo e mais importante passo, em que a inspiração brota do nosso próprio ser.

Depois de passar pela experiência iniciática de fomentar a ação da Verdade em nossa consciência, atingimos a segunda etapa, quando, por meio da meditação, nos tornarmos aptos a receber a Verdade de dentro do nosso ser. Nessa etapa, já não pensamos na Verdade, não a lemos nem a ouvimos com a mente. Em lugar disso, desenvolvemos o ouvido e o olho interiores e tornamo-nos cônscios da vozinha suave pela qual recebemos comunicações do Verbo de Deus. A fase mais importante da ação da Verdade na consciência sobrevém quando a Verdade chega à nossa consciência a partir do interior do nosso próprio ser. Depois que essa torrente passa a jorrar de dentro de nós, já não faz nenhuma diferença que nunca mais vejamos uns aos outros, que não leiamos outros livros espiritualistas ou que deixemos de freqüentar a igreja, a sala de conferências ou de aulas, pois agora retiramos o que precisamos do âmago de nós mesmos. Se quisermos, poderemos continuar a freqüentar os cursos, as conferências ou os serviços religiosos. Mas já não será por uma questão de dependência; será pelo prazer da convivência.

A consciência espiritual por meio da meditação

Na primeira etapa da meditação, ponderamos, cogitamos ou contemplamos Deus e o universo espiritual. Por exemplo: "Que será Deus? Que será o universo espiritual de Deus? Sei pouca coisa a respeito de Deus, se é que sei alguma coisa. Pergunto-me qual seria a atividade de Deus se pudéssemos realmente vê-la ou ouvi-la." É isso o que quero dizer quando me refiro à ponderação ou à contemplação, praticadas com calma e serenidade. Trata-se da etapa e do estado de meditação que nos ajudam a entrar em contato com a consciência espiritual.

A meditação, em si e por si mesma, nada fará por vocês a não ser permitir que entrem em contato com Deus. No Caminho Infinito, meditamos várias vezes por dia a fim de alcançar esse objetivo. Contemplamos quieta e serenamente passagens da Escritura como: "Tua graça é o que me basta", ou "Onde o Espírito do Senhor está, existe liberdade", ou ainda "Nem só de pão vive o homem, mas também das palavras de Deus". Quedamo-nos em contemplação durante três, quatro ou cinco minutos e então nos sentamos por um minuto ou dois, em completa serenidade, para em seguida ir ao trabalho. Não ficamos sentados à espera de que o contato se realize. Durante a meditação, apenas nos abrimos para um estado de receptividade e depois vamos cuidar dos nossos compromissos, pois o verdadeiro *click* ou contato pode sobrevir dez ou vinte minutos depois, uma hora, ou após uma noite de sono.

Esta manhã, depois de várias horas de sono, ao despertar percebi que estava em contato. Todas as meditações do dia anterior se amalgamaram e, durante a completa descontração do sono, o contato se realizou. O mesmo poderá acontecer com vocês. Poderão meditar de manhã, antes de iniciar o trabalho diário, e uma hora depois — ou um pouco mais tarde —, talvez se descubram mergulhados no Espírito.

Não é conveniente ficar sentado em meditação, aguardando o contato, pois a espera às vezes provoca esgotamento mental, o que torna impossível fazer contato. Somente quando o pensamento se aquieta é que "o noivo vem". Somente quando não há atividade mental é que o contato com Deus se processa. E esse contato não acontece se estiver em curso algum processo de raciocínio ou de pensamento.

Um inventor que tenha um problema pode passar dias dedicando-se a ele, sem no entanto conseguir uma solução. Porém, se deixá-lo de lado e sair para jogar tênis ou recolher-se para descansar, enquanto sua mente estiver completamente distraída, a solução aparecerá. Em nosso trabalho acontece o mesmo. No momento em que a mente está alheia a seu objeto, a mente que estava também com Jesus Cristo se apresenta.

A fim de obter esse contato, temos freqüentes períodos de meditação e, voltados para dentro de nós mesmos, revemos, recordamos e declaramos lá no íntimo uma ou mais dessas Verdades. Assim, a tal ponto elas se tornam parte da nossa vida que passamos realmente a viver, não mais de pão exclusivamente, mas também da Palavra de Deus integrada à nossa consciência.

Basta uma pequena afirmação da Verdade para levar a nossa consciência à ação, e é essa atividade da Verdade em nossa consciência que promove o desenvolvimento da consciência espiritual. Não é o que *lemos* que faz isso; é o que *fazemos* juntamente com o que lemos. Numerosos são aqueles que estudam muito. O estudo da verdade constitui a menor parte da nossa demonstração de vida. "Nem só de pão vive o homem, mas também das palavras que emanam da boca de Deus" é uma bela frase. Mas não passa de uma semente da Verdade: lê-la e repeti-la não aumenta a consciência espiritual. É necessário incorporá-la à consciência e viver por ela.

Procurem adotar a prática de fazer uma pausa a cada poucos minutos, a cada meia hora ou a cada hora, para rememorar uma passagem da Verdade, uma citação da Escritura, alguma frase do livro que estiverem estudando. A Palavra de Deus irá penetrando cada vez mais na sua consciência, ao longo do dia e da noite. Por fim, vocês descobrirão que estão nutridos, vestidos e alojados mais por aquelas passagens da Verdade do que pelo alimento que ingerem. Descobrirão que seus negócios melhoraram ou seus talentos e habilidades aumentaram — mais pela Palavra da Verdade em sua consciência do que por alguma aptidão natural.

A isso chamamos *praticar a Presença de Deus* ou *meditação contemplativa.* Significa que estamos contemplando, cogitando ou ponderando a respeito da Palavra de Deus e mantendo-a em nossa consciência. A meditação contemplativa aciona a bomba espiritual, pois depois de praticada por uns poucos meses, faz com que uma nova experiência nos sobrevenha. Descobrimos então que, "nos momentos em que não pensamos", uma Palavra da Verdade chega à nossa consciência a partir do Invisível — algo em que, conscientemente, não pensamos. Nos momentos de necessidade, em que é imperiosa uma Palavra da Verdade, nos momentos em que não pensamos conscientemente na Verdade, Deus sopra a palavra em nossos ouvidos. A verdadeira etapa da consciência espiritual começa quando passamos a viver pela Graça.

Se procurarmos ouvir as comunicações interiores, ao receber a Palavra de Deus em nosso íntimo, estamos vivendo pela Graça. É então que já não pensamos na vida, naquilo que vamos comer ou beber, mas constatamos que há de fato uma Presença Invisível trazendo harmonia para a nossa vida, sem que façamos nenhum esforço consciente. É então que nos damos conta da Presença Invisível, que atingimos plenamente a consciência espiritual.

Houve um tempo em que eu não percebia essa Presença dentro de mim. Como Saulo de Tarso, conhecia-me apenas como Joel Goldsmith, um homem de negócios. Ignorava o fato de haver algo mais do que isso até que, um belo dia, "contemplei a luz". A partir daí soube que o Espírito de Deus mora em mim e vai adiante de mim. O Espírito de Deus é a luz do meu semblante. O Espírito de Deus é a lâmpada a meus pés. O Espírito de Deus é a minha torre altaneira. É a minha morada ou meu refúgio. É meu pão, minha carne, meu vinho, minha água. É esse Espírito de Deus que concede as palavras que profiro, a mensagem que escrevo, o dinheiro que a espalha pelo mundo e os editores que a publicam. Tudo isso é fornecido pelo Espírito de Deus que mora em mim e Se faz conhecido para mim no momento em que atinjo certo grau de consciência espiritual.

Deus não é parcial. Por isso, podem estar certos de que há um Espírito de Deus residindo dentro de cada um de vocês, não importa como o chamem — o Cristo, o Filho de Deus, o Espírito Interior, o Messias. Ele é invisível; é incorpóreo. Vocês não podem vê-Lo ou senti-Lo; mas podem ter a experiência Dele e conhecê-Lo pelos resultados, pois, com a constatação de Sua presença, instantaneamente perdem todo medo. Não mais receiam a vida e suas peripécias, nem a morte. Passam a compreender a revelação de São Paulo: "Nem a vida nem a morte podem separar-me do amor de Deus, da vida de Deus, da vontade de Deus. Qualquer que seja a vontade de Deus com relação a mim — na terra ou no próximo plano —, essa vontade será feita, pois Ele plantou Seu Filho em mim para garantir que assim se faça." Isso é verdadeiro também com relação a vocês. Se a verdade fosse apenas para um indivíduo e não para todos, não existiria um Deus verdadeiro. Mas existe um Deus, um Pai, e esse Pai é meu e de vocês. Se Ele fez com que Seu Filho nascesse em mim, fez com que nascesse também em vocês — na medida da sua capacidade de abrir a consciência para Ele, de render-se a Ele, de não querer viver pela força ou pelo poder, de depor a espada, de serenar a cólera, de calar o ressentimento, o ódio, o medo. Humanamente, ninguém é capaz de alcançar isso, mas a Graça de Deus consegue, de modo natural, banir esses sentimentos da nossa consciência.

Abram-se à Verdade de que o Espírito de Deus reside em vocês, mais perto do que a respiração, mais perto do que as mãos e os pés. Acima de tudo, deixem de acreditar no absurdo teológico de que Deus os abandona nos momentos de pecado. É exatamente nesses momentos que vocês mais precisam de Deus — não acreditem, pois, que Deus vá desamparar quem Lhe pertence.

Sempre que abrirem a consciência para a constatação de que o Filho de Deus está em vocês, verão o Mestre indigitando-os e dizendo, como fez à mulher adúltera: "Nem eu também te condeno. Vai-te, e não peques mais." Vocês O ouvirão dizendo, como disse ao bom ladrão na cruz: "Ainda hoje estarás comigo no Paraíso." Sempre que abrirem a consciência para a constatação de que há um Filho de Deus, ele aparecerá diante dos seus olhos — não necessariamente em forma, mas em consciência — e vocês ouvirão ou sentirão estas palavras: "Fui perdoado. Estou livre."

O princípio da prece

Segundo o Caminho Infinito, a verdadeira prece não tenta influenciar, manipular ou usar Deus. A prece não é um pedido, pois, de acordo com a Escritura, não sabemos como orar ou o que pedir; não sabemos como entrar ou sair. Não sabemos o que pedir porque ignoramos qual possa ser o nosso bem amanhã, que talvez não tenha nenhuma relação com o de hoje. Procurar viver hoje como vivemos ontem é o que provoca nossas discórdias.

Nada mais difícil que renunciar aos velhos hábitos de oração. Entretanto, chega um momento em que estamos tão desesperados que desabafamos: "Pai, não sei rezar. Tereis de assumir esse encargo." Antes que esse momento chegue, aprendam a deixar Deus orar em vocês.

Chegar a isso é difícil, mas o caminho em si é fácil. Simplesmente reconheçam que não têm desejos. "Não sei o que quero. Não sei do que preciso. Nada sei do dia de hoje ou de amanhã. Satisfaço-me perfeitamente, Pai, em esperar que Vos reveleis. Seja feita a Vossa vontade e não a minha." Se esperarem nessa atitude, desenvolverão um estado de receptividade no qual Deus ora, Deus medita, Deus comunga com vocês.

Consciência persistente da Verdade

O estudioso do Caminho Infinito não pode passar o dia apenas lendo alguma Verdade durante a manhã ou antecipando a captação de alguma Verdade à tarde. É preciso haver uma atividade consciente da Verdade que persista o tempo todo. Isso não significa negligenciar os negócios mundanos, os deveres e as funções. Significa manter uma parte da consciência sempre ativa na Verdade. Quer observemos a natureza — árvores, flores, mares — ou estejamos a todo instante com os outros, mostramo-nos ativos em nossa consciência se descobrimos uma parcela de Deus no cenário. De certa forma precisamos forçar-nos a vislumbrar a Presença e a atividade de Deus à nossa volta e a aceitar as verdades da Escritura.

O bom uso das passagens da Escritura

Contemplar uma passagem bíblica com o propósito de realizar alguma coisa é fazer um mal uso das Escrituras. Por exemplo, repetir que "Ele faz aquilo que eu devo fazer", na esperança de que isso se torne verdade ou se realize, é errado. Entretanto, quando tiverem uma tarefa a executar, rememorem essa passagem vez ou outra, tirem dos ombros o peso da responsabilidade e digam com um sorriso: "Ainda bem que Ele existe." Eis aí o bom uso daquela citação. Em outras palavras, lembrar a nós mesmos aquilo que *existe*, sem tentar por meio de uma afirmação *fazer com que exista*, é a maneira correta de utilizar uma passagem da Escritura.

Dizem-me que caio em contradição quando sustento que não devemos usar uma afirmação e, porém, lanço mão de uma delas mais tarde. Uma afirmação não tem valor por si mesma, mas uma afirmação da Verdade como *lembrete* do que é verdadeiro constitui sabedoria espiritual. Dizer: "A Graça é o que me basta em todas as coisas" e esperar que essa frase *faça* algo por nós será sempre um engano, ainda que a repitamos milhares de vezes por dia. É uma forma de auto-hipnose. Entretanto, repeti-la ocasionalmente no íntimo, à guisa de lembrete, e acrescentar: "Obrigado, Pai, por este lembrete", deixando que o fardo deslize dos nossos ombros, é um uso correto.

No Capítulo XV de João, está escrito que "Vós sois a videira e Cristo é o vinho". Somos lembrados de que, se vivermos nessa Verdade e habitarmos esse Mundo, daremos frutos abundantes. Ou seja, viveremos vidas harmoniosas e espirituais. Entretanto, se nos esquecermos de habitar esse Mundo, se não permanecermos nele e não permitirmos que ele permaneça em nós, tornamo-nos ramos cortados e definhamos. Recordar a essência do Capítulo XV de João é um uso correto da Escritura, pois, uma vez que o conheçamos e evoquemos, faz-se quase impossível esquecer que "Eu e o Pai somos um só"; então, poderemos sair para o trabalho e deixar que o dia flua livremente.

Devíamos todos conhecer passagens da Escritura, como o Capítulo VIII da Epístola aos Romanos, e compreender que somos filhos de Deus *apenas* quando o Espírito de Deus reside em nós. Se o Espírito de Deus não reside em nós, somos simples mortais — e *mortal* significa "da morte". Somos homens e mulheres da morte caso o Espírito de Deus não resida em nós. E como saberemos que o Espírito de Deus está residindo em nós? Se nos abrirmos para o Espírito de Deus, então *Ele* residirá em nós. Se *O* ignorarmos e negligenciarmos, *Ele* não residirá em nós. É como dizer que o Espírito do Senhor está em toda parte; o Espírito do Senhor, porém, só está onde é percebido. O Espírito do Senhor mora em todos potencialmente, mas precisa ser percebido para se tornar realidade.

CAPÍTULO 4

Como Superar a Sensação de que Estamos Separados de Deus

Um dos princípios do Caminho Infinito é que o segredo de uma vida harmoniosa, alegre e espiritual consiste em conhecer corretamente Deus. Toda pessoa tem o direito de ser ensinada por Deus, inspirada por Deus, suprida por Deus, curada por Deus, amparada por Deus e mantida por Deus. Entretanto, não podemos nos voltar para o Reino de Deus, que está dentro de nós, e descobrir Deus enquanto alimentamos conceitos equivocados a Seu respeito, pois esses falsos conceitos criam a sensação de que estamos separados do nosso próprio bem. Para entrarmos em contato com o Reino de Deus interior e dele extrairmos o nosso bem, devemos compreender o significado da palavra *Deus* e conhecer a natureza de Deus. Vocês devem conhecer corretamente Deus. Não aceitem os conceitos equivocados que aprenderam. Eles se revelaram equivocados por seus frutos.

Conceitos equivocados a respeito de Deus

Durante os muitos séculos que decorreram desde que os seres humanos tiveram pela primeira vez a sensação de que estavam separados de Deus, buscamos algo maior que nós mesmos, capaz de atender às nossas necessidades. Na época que hoje chamamos pagã, a raça humana tinha inúmeros deuses; cada um deles representava aquilo que os homens queriam que a divindade fosse. Oravam a um deus por beleza, a outro por bom tempo, a outro por fertilidade, e assim por diante. Esses deuses eram procurados para suprir as necessidades humanas: melhores colheitas, maiores rebanhos, pescarias mais abundantes, mais chuva, menos chuva, felicidade, paz, etc. Os pagãos chegavam a sacrificar animais — e até criaturas humanas — a esses deuses, esperando que assim eles os atendessem.

O ascetismo se desenvolveu quando os homens começaram a jejuar, despojar-se dos seus bens e a fazer todo o possível para aplacar os seus deuses, que não estavam se comportando conforme o esperado.

Então chegamos ao conceito hebreu do Deus único. Todavia, pode-se notar que os hebreus recorriam a esse Deus único pelas mesmas razões que os pagãos cultuavam seus múltiplos deuses. Aproximavam-se de Deus da mesma maneira. Sacrificavam, pagavam o dízimo, tentavam ser boas pessoas. Ainda era um conceito paganístico de Deus, um Deus de dupla face: um Deus que castigava e recompensava. Se fossem bons, Deus os recompensaria; se fossem maus, Deus os puniria. Se infringissem as leis, Deus os puniria. E eles temiam o castigo divino. O medo de Deus tornou-se o tema dominante — não o amor de Deus, mas o medo de Deus! O conceito hebreu de Deus como alguém que castiga e recompensa era tão errôneo quanto o dos pagãos com relação às suas divindades.

Deus não castiga nem recompensa

Vocês não encontrarão um Deus que castiga ou um Deus que recompensa nos ensinamentos do Mestre, Jesus Cristo. Ele ensinou: "O que semeardes colhereis", mas não disse que *Deus* iria punir os maus. Ele deixou muito claro que o pão que atirarmos às águas é o que voltará para nós. (Se vocês expressarem amor, o amor voltará para vocês. Se expressarem ódio, terão o ódio de volta.) Isso não significa que *Deus* punirá vocês com a penúria se não atirarem pão às águas, nem que *Ele* os recompensará com a abundância caso o façam. Deus não castiga o mau comportamento; Deus não recompensa o bom comportamento. Esse é o conceito paternalista de Deus.

Deus não nega nada

"Tudo o que o Pai possui é vosso." Não está na natureza de Deus negar-nos alguma coisa e depois dá-la só porque oramos por ela ou porque nos mostramos bons. Esse é o conceito de Deus como Papai Noel. Enquanto cultivarmos esse conceito de Deus, perderemos nossa demonstração de suprimento; enquanto adorarmos esse tipo de Deus, não teremos esperança de conhecer Deus corretamente.

À medida que vocês compreenderem que Deus não recompensa nem castiga, mas é por natureza Amor Infinito e Sabedoria Infinita, mais claramente começarão a ver que não há necessidade de comunicar-Lhe suas necessidades ou de pedir que Ele as satisfaça. Agir assim é remontar à crença pagã de que Deus é capaz de negar. Não está na natureza de Deus negar coisa alguma ou punir por coisa alguma.

A natureza de Deus

Um dos primeiros princípios que o estudante do Caminho Infinito deve aprender é a natureza de Deus, e não aprenderá isso apenas por meio da leitura ou ouvindo falar a respeito. Entretanto, se raciocinar, se ponderar, se meditar na mensagem lida ou ouvida poderá perceber a natureza de Deus em seu próprio íntimo. As palavras ou a mensagem são a verdade sobre a Verdade, mas a Verdade se revela a nós a partir de dentro. A mensagem deve ser levada à consciência e regada até que, como uma semente, transforme-se numa seara espiritual na qual possamos colher.

Deus é o poder que mantém e sustém o universo. Deus é o princípio criador, a lei de *Sua* própria criação. Abrindo-se para *Ele*, descobriremos que *Ele* está agindo na nossa consciência como uma lei de realização. "Eu vim para que tenhais vida, e vida em abundância." Pois esse poder veio e está disponível a todos; não veio para que uns poucos o tenham e os outros não. Deus (ou o Espírito, ou a Alma) recusa-se a trabalhar apenas para os hebreus, apenas para os protestantes, apenas para os católicos, apenas para os santos. *Ele* age tanto para os santos quanto para os pecadores, para as pessoas de todas as religiões ou para as pessoas sem religião alguma. *Ele* atua para todas as cores, credos e raças. É um Deus universal. É livre como o ar, para todos e para cada um, e igualmente disponível. Entretanto, não pode fazer parte da nossa vida para uso exclusivo nosso, nem para satisfazer as nossas necessidades e exigências individuais.

Deus não nos mantém em servidão

Mesmo o mais insignificante fragmento de compreensão da natureza de Deus curaria metade das doenças e desavenças do mundo, pois cerca de metade da população do planeta acredita que Ele castiga por seus pecados. Trata-se de uma crença teológica, essa de que estamos sendo castigados por nossos pecados — tanto por ação quanto por omissão —, razão pela qual Ele nos mantém subjugados. Quem quer que tenha semelhantes crenças não faz a menor idéia da natureza de Deus.

Deus é Espírito. Deus é Amor. Deus é o Infinito. Deus é Universal. Poderá um Amor Infinito, Universal subjugar a si mesmo? Não mais do que a lei da gravidade! Se deixarmos cair um objeto, a lei da gravidade entrará em ação independentemente do valor desse objeto. A lei da gravidade não respeita valores. Ela age sobre todas as coisas. Dá-se o mesmo com a Graça de Deus. Ela não tem mais poder para diferenciar o santo do pecador do que a lei da gravidade para diferenciar um objeto barato de um objeto caro.

Contudo, não podemos violar a lei de Deus sem gerar discórdia — não porque Deus retire a sua Graça ou castigue o pecador, e sim porque, violando a lei de Deus, *nós próprios* nos afastamos da Graça. "Embora teus pecados sejam vermelhos, tu és branco como a neve." Disse o Mestre ao bom ladrão, na cruz: "Ainda hoje estarás comigo no Paraíso." Isso não foi um castigo muito grande pelo crime, certo? Os pecados de Maria Madalena foram perdoados tão logo ela se arrependeu, reconhecendo-os. Ao longo do Novo Testamento, vocês em parte alguma lerão que Jesus mantinha pessoas em servidão devido aos seus pecados. "Nem eu te condeno. Mas vai e não peques mais, para que nenhum mal te sobrevenha." Os males nos sobrevêm não em virtude do castigo de Deus, mas porque colhemos o que semeamos.

Se vocês se condenarem por uma falta passada — um pecado de ação ou omissão — e julgarem que estão sendo castigados por ela, lembrem-se de que a natureza de Deus é Amor e Perdão. A memória de Deus para com os pecados humanos é curta. Vocês é que estarão trazendo as ofensas passadas para a sua consciência. Não podem viver no ontem. Não há nenhum ontem em sua experiência, exceto aquele que trouxerem na memória. Não é Deus quem faz isso: são vocês.

Deus não pode ser enganado

Lembrem-se sempre de que o Espírito está mais próximo de vocês do que a respiração. Não conseguirão enganá-Lo porque Ele é o seu eu, a sua inteligência, a sua sabedoria, o seu instinto orientador. Por isso, jamais roubarão alguma coisa imaginando que Deus não os descobrirá. Deus está bem no centro do seu ser e, no momento em que violarem um princípio espiritual, deixarão de estar em sintonia com Ele.

Reconheçamos a presença de Deus

Muitas pessoas à beira da morte ou seriamente enfermas passam a acreditar, de alguma forma, que se separaram de Deus. Então lutam e se esforçam para reencontrá-Lo. Que grande erro!

A despeito das aparências, nunca nos separamos de Deus. Pecados tenebrosos e enfermidades, leões ferozes saltando sobre nós, pistoleiros nos alvejando ou bombas atômicas caindo do céu são meras aparências que nos tentam a acreditar que nos afastamos de Deus. Tornamo-nos vítimas dessa crença, pois alimentar a sensação de que estamos separados de Deus pode revelar-se tão desastroso e devastador quanto a verdadeira separação. Em suma, no momento em que aceitamos a sensação de separação de Deus, é como se já não mais tivéssemos Deus. Portanto, o que se deve superar é essa sensação de separação e não a verdadeira separação.

Só há um meio de superar a sensação de separação de Deus: reconhecer a atividade e a presença de Deus onde quer que se esteja. Nenhum outro meio foi até agora descoberto.

Ouvimos, falamos e escrevemos muito a respeito da busca de Deus, do ato de nos tornarmos um com Deus, dos esforços para entrarmos em contato com Ele. Pois tudo isso está errado! Eu gostaria de reescrever cada passagem, nos textos sobre o Caminho Infinito, referente à busca de Deus ou da tentativa de entrar em contato com Deus. Nos meus primeiros livros, usei a linguagem da Escritura e do mundo religioso em vez de registrar o que conhecia de coração.

Nada do que possamos fazer ou pensar nos permitirá descobrir Deus. Esforço algum será bem-sucedido! Não há necessidade de procurar Deus porque o Reino de Deus já está dentro de nós. Nunca houve necessidade disso nem mesmo nos dias anteriores a Jesus Cristo, pois "o Reino de Deus está dentro de vós". Isso foi proferido em diferentes palavras milhares de anos antes que o Mestre aparecesse sobre a face da Terra.

Se o Reino de Deus está dentro de nós, onde iremos procurá-lo? Que esforço será necessário para descobrir aquilo que trazemos cá no íntimo? Pelo simples fato de procurar Deus estamos negando que o Reino de Deus se encontra dentro de nós, ainda que o saibamos e o proclamemos. Quanto mais recorremos a esforços físicos e mentais para achá-Lo, mais negamos que Seu Reino está conosco!

Nosso relacionamento com Deus é: "Eu e o Pai somos um só." Um só — não dois! Deus é; logo, eu sou. Isso é unicidade. Todo esforço para entrar em contato com Deus seria o mesmo que Joel tentar entrar em contato com Joel! Procurar Deus é ir atrás de algo que está mais próximo de nós do que a respiração, mais próximo de nós do que as mãos e os pés! Não estamos mais distanciados de Deus do que estamos da nossa respiração, do nosso próprio ser.

Orar, meditar, ler textos espiritualistas, freqüentar serviços religiosos, aulas ou conferências, tudo isso é busca de Deus; e a expressão *buscar Deus* pode, corretamente, ser aplicada a essas atividades. Entretanto, elas não são o mesmo que tentar mental ou fisicamente entrar em contato com Deus, coisa que, no máximo, tende a nos separar Dele, da conscientização de que Ele está dentro de nós.

"Em Ti, estou em casa"

Era um maravilhoso dia de 1937 quando a constatação de que "Em Ti, estou em casa" veio até mim. Relatei essa experiência no capítulo intitulado "Ó Jerusalém, em Ti Estou em Casa", do meu livro *O Caminho Infinito*. Antes dessa constatação, eu errava em busca de Deus, vasculhando por toda parte, inclusive nas prateleiras das bibliotecas metafísicas. E durante todo esse tempo Deus estava em mim e eu estava em Deus! Não lamento os dias passados a procurar porque, ao fim, os livros revelaram o que sempre fora verdade: eu nunca me afastara "de casa". Apenas não dera por isso. Portanto, não censuremos nem os livros nem as bibliotecas, mas abençoemos tudo o que possa ajudar a revelar-nos a Verdade!

Se estudarmos a Escritura e os textos inspiracionais, se abrandarmos os nossos esforços mentais e nos mantivermos suficientemente serenos, um mundo inteiramente novo se abrirá para nós: Deus se nos revelará. Não é preciso estarmos fisicamente imobilizados: podemos continuar o trabalho, cavalgar, fazer tarefas domésticas ou negócios — qualquer coisa, desde que estejamos mentalmente serenos, com o ouvido interior alerta e uma atitude receptiva. Então talvez percebamos quão perto Deus se acha e por que o poeta pôde dizer de forma tão bela: "Mais perto do que a respiração, mais perto do que as mãos e os pés." Se a nossa mente estiver serena, em vez de buscar, de investigar ou de mentalizar, nós podemos ouvir o que Deus tem a dizer. E não duvidem de que Deus tem coisas infinitamente mais interessantes a dizer a nós do que nós a Ele!

Hoje é um excelente dia para renunciar às nossas buscas e permitir que Deus nos encontre onde estamos.

Ainda que eu armasse a minha cama no Inferno, Deus ali me encontraria. Se eu caminhar pelo vale das sombras da Morte, Deus ali me encontrará.

Não precisamos procurar Deus. Só precisamos saber que Ele está sempre conosco e que jamais irá nos abandonar: podemos descansar nessa Palavra. Se não o fizermos, estaremos cerrando as cortinas da janela e saindo em seguida à procura de luz!

O Reino de Deus está dentro de vocês. Por que procurar mais? Simplesmente reconheçam que Deus está mais perto do que a respiração, mais perto do que as mãos e os pés. Aceitem que "Eu e o Pai somos um só, aqui e agora, e o lugar onde me encontro é solo sagrado. Não faz diferença que seja o Inferno". Lembrem-se de que em alguma ocasião e em algum lugar da nossa vida, todos nós já estivemos no Inferno. Pode ter sido o Inferno do pecado; pode ter sido o Inferno da doença; pode ter sido o Inferno da carência e da limitação, do desemprego, do perigo e da insegurança. Essas coisas todas são infernais, experiências horríveis, mas transformam-se quando nos conscientizamos de que mesmo no meio do Inferno "Tu estás aqui; não preciso procurar-Te mesmo neste pavoroso lugar, pois estarás comigo ainda que eu tenha de caminhar pelo vale das sombras da Morte". Reconheçam: "O lugar onde me encontro é solo sagrado." Por quê? Porque Deus aí está. De que vale procurar Deus se Ele se encontra ao nosso lado?

Se Deus é onipresente, poderá estar ausente do lugar onde nos encontrarmos? Se Deus preenche todos os espaços e tempos, haverá tempo ou espaço longe dos quais Deus esteja? Deus está em vocês onde quer que se encontrem. É onipresente, sempre presente.

Demonstrem a onipresença

Pratiquem a consciência da Onipresença até que obtenham uma completa percepção dela. Em vez de procurar Deus, reconheçam:

> O Pai está comigo; não onde eu O procuro, mas dentro de mim. Quando? Agora, agora que O reconheço, pois é Onipresente, sempre presente. Obrigado, Pai. Tu estás aqui! Não devo temer o mal que porventura venham a me causar os mortais. Não devo temer nenhuma presença ou poder no céu, na terra ou nos infernos, pois a Onipresença está comigo. A Onipresença de Deus segue comigo e adiante de mim, para aplainar os meus caminhos. A Presença permanece atrás de mim para abençoar todos aqueles que tomam o mesmo rumo. A Presença avança à minha direita e à minha esquerda.

Realizem-se com a clara consciência da Onipresença, que é o primeiro ponto a praticar antes de passar ao seguinte.

Deus a tudo abrange

Ao nos conscientizarmos da Onipresença, descobrimos que todas as coisas estão naturalmente incluídas. Na linguagem da Escritura, tudo foi "acrescentado em nós", mas na Infinitude de Deus todas as coisas já estão incluídas. Sendo todas as coisas, Deus inclui saúde, suprimento, abrigo, companheirismo, oportunidade, exaltação, talento, capacidade, gênio, etc. Por isso, há só uma demonstração a fazer: a demonstração da Presença de Deus, a constatação da Onipresença.

Pensar no suprimento, no companheirismo ou no abrigo como coisas separadas e isoladas de Deus, e depois tentar demonstrá-las, na verdade nos aparta dessas coisas.

Deus é a única saúde e o único suprimento que existe. Não existe paz, satisfação e segurança a não ser em Deus e por intermédio de Deus. Nenhuma criatura vive feliz no mundo, exceto a que percebeu Deus. Os jovens podem encontrar satisfação temporária na saúde física, nas amizades e no dinheiro, mas isso tudo passa. Estou certo de que eles passam por momentos de vazio quando refletem sobre a vida. Afora as pessoas de pouca idade, que ainda se deleitam com as alegrias do mundo exterior, é seguro afirmar que nenhum homem ou mulher na Terra jamais encontrou a felicidade ou a paz de espírito a não ser na medida em que compreendeu Deus.

Muitos acharam a riqueza sem Deus, mas outros tantos também descobriram que não se tratava de algo permanente, e acabaram perdendo-a de um modo ou de outro. Muitos acharam a saúde, mas por fim sobreveio algo que os privou dela. Conheço milionários que têm tudo no mundo, exceto Deus, e se ocupam na busca da única coisa que não lhes pertence, negligenciando tudo o que possuem. Conheço pessoas que gozam de perfeita saúde física e mental, mas ainda assim sofrem.

Entretanto, se tomamos consciência de Deus, não há como perder a saúde, a fortuna, o lar ou as amizades, pois Deus *é* a nossa saúde, a nossa harmonia, o nosso lar, a nossa alegria e paz de espírito. Ele não nos manda nem nos dá essas coisas; Deus apenas *é*. Uma vez que reconheçamos que Deus é a plenitude do ser, a única demonstração que nos resta a fazer é a demonstração do *eu*. Quando temos o *eu*, todas as coisas nos são acrescentadas e a abundância se manifesta. "Eu vim para que tenhais vida, e vida em abundância." Perguntem a vocês mesmos: "De que valeria a saúde se eu não tivesse Deus? De que valeria o suprimento, uma casa ou um amigo se eu não tivesse Deus?"

Nossa vida nos é proporcionada pela Graça

De acordo com o conceito humano de suprimento, nós asseguramos nosso meio de vida por intermédio do trabalho e do esforço, e por sermos merecedores dele. Um falso ensinamento levou-nos à crença de que ganhamos a vida com o trabalho. Ora, a nossa vida nada tem a ver com o trabalho: a nossa vida é proporcionada pela Graça.

Nunca se pretendeu que devêssemos trabalhar mental ou fisicamente em troca do suprimento. Uma criança nada faz para ganhar a vida e vive muito bem. A comida, a roupa, a moradia, a educação, até mesmo as férias lhe são dadas sem que precise levantar um dedo para obtê-las ou mesmo pensar nelas. Da mesma forma, Deus atende a todos os Seus filhos. Com efeito, estranho Deus seria esse se não velasse por Sua prole! O Pai sente enorme prazer em dar-nos o Seu Reino. Assim, o conceito espiritual de suprimento é a Onipresença.

Sem dúvida, temos as nossas ocupações ou profissões, mas devemos exercê-las por prazer. Executamos aquilo que nos é dado fazer e fazemo-lo pelo prazer de fazê-lo bem, não para ganhar a vida. Vocês descobrirão que, às vezes, ganham menos com sua ocupação ou profissão do que com outras fontes de renda ou de suprimento de que dispõem.

Em outras palavras, devem tirar tanta alegria do que fazem quanto eu do meu trabalho. Certamente, eu nunca faria esse trabalho apenas para ganhar dinheiro. Ficaria muito feliz mesmo se não obtivesse dele nenhum rendimento! De fato, quando se é chamado a fazer esse trabalho, descobre-se que é possível renunciar alegremente ao lucro só pelo prazer de executá-lo. Assim deve ser com toda arte, profissão, ocupação ou emprego. É preciso ter alegria ao trabalhar.

Quando nos despojamos do conceito mental e humano de ganhar a vida, compreendendo que o trabalho é apenas aquilo que nos é dado fazer hoje, duas coisas acontecem. Nosso trabalho pode não ser do tipo que apreciemos plenamente, mas se o aceitamos e lhe damos o melhor que podemos a cada instante, pouco a pouco ascendemos para o que se nos afigura uma forma de trabalho mais elevada e mais nobre. Quando nos desvencilhamos do conceito humano de ganhar a vida, também descobrimos que o nosso sustento nos é assegurado pela Graça. Ela flui eternamente para nós; pode chegar pelo correio, no contracheque ou por meio dos nossos investimentos. Tudo o que precisamos fazer é despertar e aceitá-la.

Estamos tão habituados à idéia de trabalhar e de merecer o bem que nos chega que, a princípio, lutamos mais para aceitá-lo do que para obtê-lo. Mas já é tempo de desenvolver a capacidade de descontrair e deixar que a vida venha até nós pela Graça. Vocês poderão pensar: "Mas como, é impossível! Tudo o que tenho é o que ganho, ou o que o meu marido ganha, ou o que o meu marido herdou." Isso não é absolutamente verdadeiro no reino espiritual, que se encontra aqui e agora, quando renunciamos aos conceitos humanos de suprimento.

A maior lição que o Caminho Infinito tem a oferecer é a tão repetida Verdade segundo a qual temos de procurar e descobrir apenas Deus, deixando de lado tudo o mais. "Buscai primeiro o Reino de Deus" e o resto vos será acrescentado. (Quando usamos as palavras *buscar* e *encontrar* queremos dizer que orar, meditar, ler textos espiritualistas e freqüentar serviços religiosos, aulas ou conferências constituem uma procura de Deus.)

Como perceber a Onipresença

Deixemos de lado toda tentativa de demonstrar emprego, renda, companheirismo, lar, saúde, riqueza, liberdade, alegria, paz de espírito ou mesmo pureza. Renunciemos até ao desejo de sermos bons e castos. Limpemos o templo, limpemos a casa de todos os velhos anseios até que o nosso único sonho seja perceber a Presença de Deus, compreender a Onipresença, conhecer Deus do modo certo.

A princípio, é difícil conhecer Deus corretamente porque pensamos Nele conforme os nossos conceitos de Deus. Pode tratar-se do conceito de Jesus, segundo o qual Deus é Pai ou um Pai interior; ou pode tratar-se do conceito de Paulo, segundo o qual Deus é Cristo. Pode também se tratar do seu próprio conceito ou do conceito dos seus pais, da sua igreja ou do conceito metafísico de Deus como Espírito, Vida ou Princípio. Todos eles são meras facetas de Deus. O Amor é apenas uma das diversas maneiras pelas quais Deus se apresenta. O Espírito é apenas uma das diversas maneiras pelas quais Deus se apresenta. A Lei é apenas uma das diversas maneiras pelas quais Deus se apresenta.

Portanto, esqueçamos o tipo de Deus que aprendemos e visualizamos ou no qual acreditamos. Em vez de pensar em Deus de forma finita e limitada, compreendamos que a Vida, a Verdade, o Amor, a Substância, o Princípio, a Lei, a Alma e o Espírito constituem modos pelos quais Deus se apresenta a nós; Deus, porém, é ainda maior que a soma total dessas facetas. Não nos preocupemos mais com as coisas que nos ensinaram a respeito de Deus ou com aquilo que os livros nos dizem que Deus é e busquemos a visão totalizante. Voltemo-nos, com a mente aberta, para a revelação de Deus, para a manifestação de Deus em nossa consciência, ficando preparados para isso seja qual for a forma pela qual Ele se apresente. A revelação virá de modo diferente para cada um.

Aqueles que tiveram a experiência de Deus não serão capazes de descrever essa experiência para os outros, mas sem dúvida dirão que Deus é diferente de tudo o que esperavam. Eu mesmo poderia contar a vocês alguns dos modos pelos quais tive vislumbres de Deus, porém meu relato seria incompleto e imperfeito porque não sei como explicar a Plenitude. A Plenitude apresenta-se a nós de certa forma, num dia, e de forma diferente, em outro.

Cada um de nós experimentará Deus de forma diversa, e tentar descrever isso seria fazer como os três cegos descrevendo um elefante um para o outro. Um deles apalpou a cauda do animal e contou aos outros que o elefante era uma corda grossa. O outro apalpou a perna e disse que o elefante era uma árvore tão grossa que não poderia ser abarcada com ambos os braços, e tão pesada que ninguém conseguiria movê-la. O terceiro passou a mão pelas presas e declarou: "Não, não! Um elefante não é nada disso. É frio e duro." Assim, cada cego descreveu o animal segundo sua própria perspectiva. O elefante, porém, era muito mais do que a soma total dessas coisas.

Deixemos de lado, pois, nossas velhas concepções de Deus e voltemo-nos para a revelação do próprio Deus. "Conhece o Senhor e fica em paz." Vocês sabem que, se estiverem em paz, terão saúde, fortuna, harmonia e tudo o mais — do contrário, não estarão em paz. Para alcançar a paz, travem conhecimento com Deus e tudo lhes será dado.

Esqueçamos o desejo por qualquer coisa ou por qualquer pessoa do plano exterior até que os nossos corações possam dizer: "A minha alma anseia... e o meu coração e a minha carne clamam pelo Deus vivo."[1] "Minha alma tem sede de Deus, do Deus vivo."[2] "Meu coração dá voltas."[3] A pessoa que deseja Deus ardentemente diz: "Dêem-me Deus! Vale a pena perder o mundo inteiro para ter Deus, somente Deus!"

---

1. Salmo 84:2.
2. Salmo 42:2.
3. Salmo 38:10.

Quando Jesus declarou: "Venci o mundo", não quis com isso dizer: "Demonstrei o mundo, conquistei o mundo ou ganhei o mundo." Não. Ele superou todos os desejos e necessidades porque descobrira Deus; e, ao descobrir o Seu Deus, descobriu que todas as coisas eram necessárias para a Sua realização. Ainda que não tivesse mãe, pai, irmã, irmão ou amigos, estaria satisfeito sem eles porque se sentia repleto de Deus. Não queria saber de reis, de imperadores, de príncipes ou mesmo de líderes religiosos; aspirava apenas à companhia daqueles que pertenciam à Sua casa, à Sua própria consciência.

Obviamente, aquilo que realizava Jesus talvez não satisfaça por completo as nossas necessidades. Deus pode se realizar por meio da nossa experiência, como por meio do companheirismo entre amigos, parentes, familiares, cônjuges ou colegas de escola. Entretanto, estou certo de que um belo dia, nessa ou em outra experiência, nós também declararemos: "Não, nada disso tem significado para mim. Aqueles que se unem espiritualmente a mim são a minha realização."

Com o tempo, todos nós chegaremos a um ponto em que perderemos o interesse por quem quer que seja do mundo exterior que não pertença à nossa casa espiritual, independentemente dos laços de sangue. Então, seremos companheiros uns dos outros. Nossa realização se dará com Deus por intermédio dos nossos semelhantes.

Sufoquem a ânsia por um lar, por amigos, por dinheiro ou por suprimento de qualquer forma. Que seu único desejo seja a constatação da presença de Deus, a constatação da Onipresença, a constatação de que "eu e Deus somos um só, e tudo o que o Pai possui é meu". Depois de fazer essa demonstração, haverá a necessidade de demonstrar algo mais? Não: a única demonstração a fazer é a percepção da Verdade.

Mantenham os pensamentos em Deus. Aprendam a meditar. Sejam serenos! Sejam tranqüilos! Permitam que Deus os toque com o dedo! Permitam que Deus se revele a vocês; e Deus, revelando-se e manifestando-se, assumirá a forma exterior das coisas de que precisam na vida cotidiana.

CAPÍTULO 5

Os Frutos do Conhecimento Correto de Deus

Para conhecer Deus corretamente precisamos saber, antes de tudo, que Ele está no meio de nós — não separado, não distante de nós. Se pensam que Deus é algo exterior a vocês, não O conhecem corretamente. Deus não é para ser ganho, ou conquistado, ou procurado. Deus é para ser reconhecido como o Eu de alguém (o Eu escrito com maiúscula representa o Eu Infinito, individualizado como o eu de vocês ou o meu). Deus é, de fato, o seu Eu, o Eu que é na realidade o ser de Deus, o Filho de Deus, o Cristo de Deus; o Deus individualizado, Deus na expressão individual. Quando percebemos isso, não olhamos para fora de nós; ao contrário, tranqüilizamo-nos interiormente diante da idéia de que "Deus está mais perto de mim do que a respiração. Não preciso ir até Deus para pedir coisa alguma, pois Ele, antes de mim, já conhece as minhas necessidades". Não é o Deus que está no céu que conhece as suas necessidades, é o Deus que está em vocês que as conhece — e "é Seu prazer dar-lhes o Reino".

Vocês não conquistam a Graça de Deus, nem a merecem. Ninguém poderia, como seres humanos que somos, ser bom o bastante para merecer a Graça de Deus: ela é nossa por direito de herança. O *Eu* do nosso ser é o Filho de Deus, co-herdeiro, junto com Cristo, de todas as riquezas celestes. Se vocês as merecem ou não, isso não invalida o fato de que, como Filhos de Deus, não podem ser deserdados.

A natureza de Deus como realização

Deus é realização. Deus realiza-se a Si mesmo. Se quiserem um símbolo material, pensem no sol. O sol brilha, emite sua luz e calor. Em outras palavras, o sol se realiza como sol. Não é preciso orar ao sol pedindo *mais* luz ou *mais* calor. Se fôssemos orar, a oração seria um reconhecimento íntimo do que ele *é.* O sol *é* brilho; o sol *é* calor; o sol *é* luz. O sol é o que *é*: sua própria realização enquanto calor e luz.

Deus é o Criador

Deus é o Princípio Criador. O Pai que está no céu é o único Pai. Se vocês acham que sofrem ou se beneficiam de acordo com a condição terrena de seus pais — se eles são ricos ou pobres, bons ou maus, generosos ou egoístas —, não estão vivendo espiritualmente. Deus, o Pai, é o Princípio que mantém e ampara. Ele é a única Fonte do nosso bem. Podemos respeitar os nossos pais humanos e amá-los profundamente na esfera humana, sem por isso deixar de reconhecer que Deus é o nosso único Pai, o Criador, que nos ampara e mantém.

A menos que vocês tenham a sólida convicção de que o Pai Celestial interior já conhece suas necessidades e tem prazer em dar-lhes Seu Reino, não podem viver espiritualmente a questão do suprimento. Estarão sempre olhando para o "homem cujo fôlego está em seu nariz", para um pai, para uma esposa, para um marido, para um filho. Quando tudo isso falhar, voltar-se-ão para o governo e pedirão seu quinhão. Por quê? Porque preferiram viver de acordo com a crença humana de que o bem nos chega por intermédio do bem humano. Vivamos, ao contrário, na convicção de que Ele está dentro de nós, tem prazer em ceder-nos o Reino e conhece as nossas necessidades antes de nós mesmos.

Deus, o único Amor

Existem várias formas de amor: o amor conjugal, o amor paterno, o amor filial, o amor fraterno, o amor aos vizinhos e à comunidade. O amor é um fator maior em nossa existência. Somos felizes graças ao amor, desgraçados em sua ausência. E por que deveria haver essa ausência? Na verdade, não há ausência de amor. Só sentimos a ausência do amor por ignorância. Em nossa existência humana, recorremos ao próximo em busca de amor, de cooperação, de amizade. E aí cometemos um erro. Se recorremos ao próximo, podemos encontrar amor hoje e ódio amanhã. Podemos encontrar gratidão hoje e ingratidão amanhã. Podemos encontrar cooperação hoje e desinteresse amanhã.

Em se tratando de amor, devemos recorrer unicamente a Deus. Deus é Amor, a atividade do amor. Uma vez que Ele é Infinito e Universal, quando encontramos o nosso amor em Deus, encontramo-lo também nos semelhantes. Se compreendemos que todo amor é uma emanação de Deus, passamos a descobri-lo também naqueles que encontramos pelo caminho. Os poucos que não responderem a isso sairão da nossa vida, e o nosso mundo será constituído por aqueles que nos amam no plano da consciência com um amor natural ao relacionamento.

Quando estamos imersos no Seu amor, esse amor permeia o nosso ser. O Seu amor é o tema central do nosso ser. O Seu amor é a nossa vida, e a natureza do amor é o perdão. Será possível amar e condenar? Será possível amar e manter na memória alguma coisa a ser perdoada? No coração daquele que ama não existe condenação, existe compaixão. O pai não condena o filho, aquele que ama não condena a pessoa amada. Não há condenação onde existe amor. Não condenamos aqueles que amamos.

O amor de Deus a tudo abrange e toma todos os seres sob o abrigo das suas asas, o meu ser e o ser de vocês, o ser do santo e o do pecador. Até que compreendam que essa é a natureza de Deus, não O conhecerão corretamente.

Em todos os templos da igreja de Cristo Cientista há na parede um cartaz onde se lê: "O Amor Divino sempre atendeu e sempre atenderá às necessidades humanas." Certa vez entrei numa igreja de Cristo Cientista, passei os olhos pelas pessoas conhecidas e pensei: "Mas não, não é isso que acontece! Conheço muitos que esperaram anos por esse Amor Divino e suas necessidades não foram atendidas." Então refleti sobre os motivos que teriam levado a sra. Eddy a escolher aquelas palavras, já que ela deve ter tido uma razão especial para isso. Súbito, ocorreu-me que ela estava certa, mas que as pessoas não interpretavam corretamente a frase. O Amor Divino não é algo que esteja no espaço exterior; o Amor Divino é algo interior. Assim, o Amor Divino que exprimimos é o que atende às nossas necessidades. Se não exprimirmos um amor impessoal, imparcial e universal, nenhum amor atenderá às nossas necessidades. Naquele dia compreendi que não existe um Amor Divino exterior; Deus não está lá fora, em algum lugar, pronto a nos atender. Deus e Seu Amor Divino encontram-se dentro de nós; mas, enquanto não exprimirmos isso, nenhuma de nossas necessidades humanas será atendida.

O Amor Divino é perdão, caridade, benevolência, delicadeza, cooperação, partilha. Tudo isso e tudo o mais em que pudermos pensar constituem o Amor Divino. Se não exprimirmos o

Amor Divino, ele não voltará para nós a fim de satisfazer às nossas necessidades. Como bem se pode imaginar, essa constatação modificou o meu modo de vida porque percebi então quão pueril é ficar sentado esperando que Deus faça alguma coisa. Isso seria concluir que Deus nada faz, o que é impossível porque Deus sempre é Deus.

Deus é o único Poder

Certamente achamos que aceitamos Deus como o único Poder, obedecendo ao Primeiro Mandamento, mas a verdade é que nenhum de nós obedece inteiramente a esse Mandamento; e os resultados só vêm na proporção da nossa obediência.

Como devemos obedecer ao Primeiro Mandamento? Decidindo intimamente, desde as primeiras horas da manhã, que não reconheceremos nenhum outro poder a não ser o de Deus. Reconheceremos Deus como o único poder a agir em nossa consciência e na consciência daqueles com os quais entraremos em contato. Começamos o nosso dia com a constatação de que nenhum homem, mulher ou criança pode nos dar ou tirar alguma coisa, pois Deus é a única fonte e atividade do nosso bem, e Deus é o único Poder.

Todos os dias enfrentamos os medos comuns no mundo. Podemos ter medo de que o gerente do banco nos recuse um empréstimo, de que os nossos fregueses não comprem nada, de que alguém talvez nos tire alguma coisa. Quando cedemos a esses temores, colocamos o poder nas mãos do "homem cujo fôlego está em seu nariz". Mas sabemos: "Com efeito, que pode ele valer?"

Enquanto supusermos, ainda que superficialmente, que alguém pode nos dar ou tirar alguma coisa, estaremos desobedecendo ao Primeiro Mandamento e, assim, impedindo que o bem chegue até nós. Ilustremos esse fato.

Deus, a fonte única da Verdade

Vocês talvez achem que a Verdade pode lhes ser transmitida por mim. Não é assim: Deus é a Fonte e a Atividade de toda Verdade e eu aqui estou com o mesmo objetivo que vocês: receber a Verdade de Deus. Não tenho Verdade alguma para comunicar ou guardar, apenas me mantenho conscientemente em união com Deus para que a Verdade vinda de Deus flua através de mim até aqueles que se mostrem receptivos a ela. Neste momento, meu corpo, boca, língua e mente estão sendo usados como instrumento por intermédio do qual a Verdade vinda de Deus nos alcança.

Não tenho o poder de comunicar ou guardar a Verdade. Se percebemos que estamos reunidos para receber a Verdade unicamente de Deus, todos nós receberemos uma parte dessa Verdade. Mas se vocês ou eu supusermos que posso transmitir-lhes a Verdade, ela talvez nunca chegue até nós.

Deus, o único Suprimento

Alguns de vocês se lembram da Grande Depressão, quando muitos ficaram sem suprimento? Entretanto, não havia carência ou penúria! A terra estava cheia de gado; o ar, de pássaros; os mares, de peixes. Onde estava a carência? Se algo havia, era excesso de suprimento, tanto assim que grandes quantidades de comida eram jogadas no mar, queimadas ou estocadas, como vem acontecendo desde então. Não há falta de suprimento!

Deus é Suprimento! Quando temos Deus, temos suprimento. Nossa tarefa consiste em reconhecer Deus e concebê-Lo como a Atividade, a Fonte e a Lei do Suprimento. Temos de reconhecer Deus como a nossa suficiência — e não nos voltarmos para o emprego, para o dinheiro, para o parente rico, para a caridade alheia ou para o governo. Tal como Moisés, podemos encontrar maná caindo do céu, se ele não provier de outras fontes, ou água brotando do rochedo. Ou, como Elias, deparar com bolos cozidos nas próprias pedras que estão diante de nós, ou com corvos trazendo alimento, ou com uma viúva dividindo seu óbolo.

Tudo pode acontecer, e estejam certos de que existe abundância. Ela pode se manifestar para todos nós a partir do momento em que não mais confiarmos no "homem cujo fôlego está em seu nariz" e reconhecermos que Deus é a Fonte.

Se mantivermos na consciência que Deus é a única Fonte de Suprimento, sempre teremos esse suprimento antes mesmo de precisarmos dele, independentemente do que fizermos. O bloqueio está apenas na crença de que alguém pode dá-lo ou tirá-lo. Por exemplo, a melhor maneira de um vendedor fracassar é acreditar que os negócios dependem da boa vontade dos consumidores. Eis uma boa maneira de nos limitarmos! Compreender Deus como a força que move todos os tipos de negócios talvez não force João ou Pedro a comprar de nós, mas resultará numa abundância de vendas todas as semanas, muitas vezes não oriunda dos compradores com que contamos. Que diferença faz para quem se vende? O importante é vender.

Algumas pessoas dizem: "Mas eu *reconheço* Deus como a Fonte!" Sim, mas... com que freqüência e constância? Esse reconhecimento precisa ser algo mais do que um pensamento ocasional. Precisa ser uma atividade contínua, até que a consciência fique a tal ponto imbuída da concepção de Deus como Fonte que essa crença se torne automática, sem que necessitemos pensar conscientemente nela. Então, o fluxo começa.

Deus, a única Vida

Costumamos acreditar que vocês têm uma vida, eu tenho uma vida, um recém-nascido tem uma vida. Não é verdade! Temos uma vida, mas ela não é nossa. A única vida que temos é Deus. Se existe apenas um Deus e Ele é Vida, só pode haver uma vida, e essa é a Vida de Deus. Como haverá então uma vida jovem, uma vida velha, uma vida doente, uma vida debilitada ou uma vida moribunda? Quando obedecemos ao Primeiro Mandamento e reconhecemos que há somente um Deus, e quando ficamos imbuídos de Deus como Vida Única, toda aparência de doença, envelhecimento e morte começa a esfumar-se, e tornamo-nos cônscios da Vida única, harmoniosa e perfeita, expressa como o eu individual, o seu e o meu. Tornamo-nos cônscios da vida espiritual, essencial que existe em nós o tempo todo e em todas as idades.

Deus, a Lei e a Substância

Reconheçamos Deus como o único Poder, a única Fonte e a única Lei. Esse reconhecimento imediatamente começa a anular toda crença nas leis da hereditariedade, da alimentação, do clima, da infecção e do contágio — todas elas, leis materiais. A lei material é anulada na medida da nossa aceitação de Deus como a Única Lei. Sempre que leis econômicas, políticas, físicas ou jurídicas chamarem sua atenção, pensem: "Obrigado, Pai; sei que existe apenas uma Lei, a Lei de Deus, porque só existe um Deus e deve haver uma única Lei; ora, se Deus é Espírito, a Lei tem de ser espiritual."

Estamos sempre enfrentando doenças físicas que atestam o aumento ou a diminuição da substância corpórea. Deus é a única substância e não pode haver excesso ou insuficiência de Deus.

Reconhecendo Deus como Substância Divina, logo descobrimos que o corpo exibe a normalidade de Deus.

Deus, a harmonia em todas as coisas

Estamos sempre às voltas com aparências exteriores de pecado, de doença, de morte, de carência e de limitação, a que chamamos imagens de erros. Entretanto, essas imagens começam a mudar à medida que a nossa consciência espiritual se desenvolve e se expande, e que encaramos o Invisível como fonte de harmonia. O Invisível é a realidade de tudo o que existe. Assim, não aceitemos as aparências como valor nominal, mas deixemos que a Verdade remova as aparências discordantes.

Descansemos em Deus

O resultado do conhecimento correto de Deus depende do fato de reconhecermos, em primeiro lugar, que Deus é o nosso eu e o eu das pessoas que encontramos. Em segundo lugar, depende de sabermos que o Pai dentro de nós conhece as nossas necessidades sem que precisemos falar-Lhe a respeito. Em terceiro lugar, devemos aceitar que Ele tem prazer em nos dar o Reino. Depois, podemos descansar nessa certeza. E quando temos essa certeza, vivemos realmente a vida espiritual.

Reconheçam que esse Deus no qual confiam não é uma entidade separada de vocês, mas é a sua própria essência sob o nome de *Eu*. É o *Eu* que se encontra no centro do seu ser, que vocês chamam de seu Eu, rebento de Deus que se individualiza como vocês, o Cristo, Filho de Deus, herdeiro de Deus, juntamente com quem todos somos co-herdeiros de todas as riquezas celestiais.

Neste mundo, façam tudo o que tiverem de fazer sem pensar em resultados ou recompensas. Lembrem-se de que Deus não dá recompensas. O que Ele faz, faz meramente como função de Deus. Tomem o sol como exemplo: o sol não concede luz e calor como recompensa a ninguém, por nada. Calor e luz são a função de Deus, e ele não pode negá-los. Dá-se o mesmo com Deus. Deus não pode negar nada, nem mesmo ao pecador. Ele não é dotado dessas qualidades humanas. Não é um ser humano. Por isso, não age como um pai ou um juiz humanos. Deus é o Ser Infinito e *será* para sempre. Deus não pode dar nem tirar. Deus só pode *ser*.

O conhecimento dessa verdade traz o ser-Deus para o âmbito da experiência ativa em nossa vida. Somos chamados apenas para conhecer a verdade sobre Deus. Depois disso, nos descontrairemos em Deus.

Sabedoria espiritual

Quando conhecemos a natureza de Deus, quando já não achamos que sabemos mais que Deus, quando não mais imaginamos existir algo que possamos dizer a Deus, quando não mais esperamos que Deus faça alguma coisa para uma pessoa que já não esteja fazendo igualmente para todas, quando não mais consideramos Deus um poder a ser usado para destruir os nossos inimigos — aí, então, tem início a sabedoria espiritual e colhemos os frutos do conhecimento correto de Deus.

A compreensão espiritual

Conhecer Deus corretamente significa experimentar harmonia, vida eterna, plenitude e perfeição do ser. Se estamos passando por algum tipo de carência ou de limitação — falta de saúde, de suprimento, de relacionamento humano, etc. —, devemos admitir que não conhecemos Deus corretamente. Cabe-nos então começar a estudar Deus no ponto em que estamos. Alguns talvez descubram que acreditam em deuses pagãos; outros, como eu, sem nenhuma bagagem religiosa a não ser os Dez Mandamentos. Outros estarão em igrejas ortodoxas, outros ainda empenhados em doutrinas metafísicas ou mentais. Onde quer que vocês estejam, é a partir daí que deverão começar a conhecer Deus corretamente. Inútil desejar um ponto melhor para começar. Comecem de onde estão e avancem segundo os meios disponíveis.

Onde alcançarão a compreensão correta de Deus? Só alcançarão o conhecimento correto de Deus dentro de vocês mesmos. Não o encontrarão em nenhum livro. Os bons livros podem constituir uma grande ajuda para conduzi-los de volta ao seu Eu, onde encontrarão e conhecerão Deus corretamente. Eles são uma fonte de inspiração e poderão elevá-los acima de vocês mesmos, porém nada mais. Não revelarão Deus, que só em um lugar é revelado: dentro de nós, porque dentro de nós está o Reino de Deus.

Só aos 21 anos de idade abri a Bíblia pela primeira vez. À essa altura, constatei que *existe* um Deus. Minha busca de Deus começou nesse momento, por caminhos diversos — alguns bons, alguns equivocados, para dizer o mínimo. A busca conduziu-me à etapa de desenvolvimento em que me encontro agora; e, como todos sabem, esse desenvolvimento não é nem definitivo nem completo.

Na senda espiritual, muitas vezes temos a impressão de que andamos para trás. Depois de caminhar bastante e acreditar que chegamos ao conhecimento correto de Deus, às vezes constatamos que descobrimos apenas um substituto, e nem sequer satisfatório. Nesse caso, temos de voltar ao ponto de partida e recomeçar, ou contentarmo-nos com o pouco que adquirimos e prosseguir. Haverá momentos de desencorajamento, especialmente quando não se estiver progredindo conforme o esperado, mas esses períodos serão breves, quase sempre duram um dia.

Se admitirmos honestamente que os sentimentos de discórdia na nossa experiência resultam da falta de compreensão de Deus, faremos a primeira conquista no caminho dessa compreensão. Toda a busca consistirá no *conhecimento correto de Deus* — não em demonstrar saúde, harmonia, suprimento, uma casa, uma companhia. Há, na vida espiritual, muito mais do que demonstrações de saúde, suprimento, etc.

Um grande passo para a compreensão de Deus consiste em ponderar a respeito de Deus, meditar sobre Deus, considerar Deus uma realidade interior. Deus *é*. É o ponto central de toda existência. Não há como ter vida eterna, exceto se o conhecermos corretamente, tal qual *Ele é*, independentemente do que aprendemos sobre Ele.

CAPÍTULO 6

A Armadura da Unicidade

O fundamento de todos os ensinamentos da Verdade — sejam eles da igreja de Cristo Cientista, da Unity, do Novo Pensamento ou do Caminho Infinito — é que vivemos, movimentamo-nos e temos o nosso ser em Deus. Todas aquelas seitas concordam nesse ponto.

De acordo com algumas tradições ortodoxas, *viveremos* em Deus no futuro, mas os movimentos a favor da Verdade são unânimes em assegurar que somos os filhos de Deus *agora*, que estamos no local sagrado do Altíssimo *agora,* que vivemos, movimentamo-nos e temos o nosso ser em Deus *agora*. Porém, os ensinamentos da Verdade (organizados ou não) não podem nos fazer viver como se vivêssemos, nos movimentássemos e tivéssemos o nosso ser em Deus; só podem fazer algo por nós se permitirmos.

Falarei a respeito de um ministro e sua esposa, ambos estudiosos sérios da Verdade, que conheci em Londres. Durante os ataques aéreos a essa cidade, na II Guerra Mundial, aqueles que podiam estavam construindo abrigos subterrâneos em seus jardins. Os dois, no entanto, haviam dedicado suas vidas à compreensão de que viviam em Deus e de que suas vidas ocorriam no local secreto do Altíssimo; assim, como alguma forma de discórdia ou desarmonia haveria de desabar na calada da noite sobre sua morada? Não quiseram saber de abrigos subterrâneos, mas decidiram servir como vigilantes de incêndios da vizinhança durante as incursões aéreas.

O bairro em que moravam, localizado entre o maior aeroporto de Londres e uma grande ferrovia, era constantemente bombardeado. Não se passou uma noite sequer sem que aquela região da cidade assistisse à queda das bombas. O aeroporto e a ferrovia foram severamente danificados diversas vezes, o que exigia reparos constantes para que os trens e a força aérea pudessem continuar operando. O abrigo de um de seus vizinhos foi diretamente atingido, e a família inteira foi aniquilada. Mas em todo esse tempo o ministro e sua esposa não sofreram sequer um arranhão — e nem uma de suas vidraças se estilhaçou!

Do ponto de vista humano, tratou-se de fato de um dos milagres da guerra. Para o casal, entretanto, não passou de um incidente natural no mundo, pois eles viviam em Deus e assim nada ameaçaria sua morada na calada da noite.

O ensino da verdade não pode nos fazer aceitar essa Verdade tão profundamente a ponto de prescindirmos de abrigos antiaéreos. Ninguém a pode aceitar por nós, pois é algo que temos de fazer individualmente. Esse ensinamento, esse segredo da vida, nos é dado — mas cada um de nós precisa aceitá-lo e vivê-lo.

Temos o nosso ser em Deus

Temos o nosso ser em Deus porque somos uma emanação de Deus e, conseqüentemente, a própria Consciência Divina. Foi somente pela "insensatez da nossa humanidade" que desertamos da morada do Pai.

Voará o peixe para alcançar o oceano? Mergulhará no abismo a águia para atingir o ar? Por que investigar o giro das estrelas para saber se ecoam a Tua voz?[1]

O peixe sai à procura do oceano? Não! O peixe *está* no oceano. Talvez nem saiba disso, mas certamente percebe que se acha no lugar certo e vai levando a vida, sem se preocupar em descobrir o mar. Suponhamos, porém, que o peixe, num momento de loucura (se é que existem peixes loucos), perca a consciência de que se encontra no mar e comece a nadar para cima e para baixo, tentando encontrar o oceano! Isso *seria* loucura!

Na nossa busca e no nosso afã de Deus, sofremos do mesmo tipo de loucura, pois nunca abandonamos a morada do Pai. Quando demandamos a Presença e o Poder de Deus para resolver nossas discórdias e desarmonias, achamo-nos num estado de humanidade tão pouco natural quanto o do peixe à procura do mar! Enquanto recorrermos a um Deus, a uma Verdade, a um tratamento ou a uma prece para escapar de nossos problemas, nossos problemas continuarão conosco. E nós continuaremos esmagados pelas discórdias e pelas desarmonias deste mundo até alcançarmos a seguinte verdade espiritual:

Já me encontro no lugar secreto do Altíssimo. Vivo, movimento-me e tenho o meu ser em Deus. Nossos interesses são comuns.

Discernimento espiritual

Antes da iluminação, lobrigamos pessoas boas e más, sadias ou doentes, forças do bem e forças do mal. Mas lobrigar o mal é mero fruto da nossa ignorância de visão. Ilustrarei essa questão com alguns exemplos.

---

1. Extraído de "The Kingdom of God", de Francis Thompson.

Pessoas ignorantes contemplarão a pintura de um mestre e dirão que se trata apenas de manchas na tela. Para elas, é o que é e sempre será: não são capazes de apreciar uma obra de arte. Entretanto, quem aprendeu a apreciar obras de arte ficará enlevado. O mesmo acontece com a música. Alguns, ouvindo uma sinfonia magistralmente executada, acharão o som terrível, enquanto seus vizinhos de poltrona ficam embevecidos. A diferença é a apreciação da pintura e a apreciação da música. Graças a essa capacidade, percebemos o que os outros não percebem na música e na pintura.

Quando somos tocados pelo Espírito, alcançamos a "apreciação espiritual" a que chamamos consciência espiritual, percepção espiritual ou discernimento espiritual. Graças a Ele, o que antes era irreal, efêmero e transcendental torna-se a realidade, o coração e a alma da nossa experiência, da nossa vida inteira, volvendo às sombras os objetos do mundo exterior. Oh, sim, continuamos a comer e a beber, a dormir e a nos divertir, mas os objetos do mundo exterior jamais nos excitam ou nos emocionam como os do mundo interior, que agora passamos a perceber. Com a consciência espiritual,

> *Ó mundo invisível, nós te vemos! Ó mundo impalpável, nós te tocamos! Ó mundo incognoscível, nós te deciframos! Ó inapreensível, nós te apreendemos!*[2]

Quem é esse *nós*? O mundo não vê o invisível, o mundo não toca a impalpável Presença, o mundo não decifra o incognoscível, o mundo não pode apreender a Divina Presença invisível; não se trata, portanto, do mundo. O *nós* são os dotados de percepção espiritual, aqueles que se voltaram para o Pai interior e

---

2. "The Kingdom of God."

tiveram pelo menos *algum* vislumbre dessa Presença interior, dessa Luz recôndita, desse fulgor entranhado. Somente por meio dessa visão interior é possível apreender, capturar a percepção que para o resto do mundo é intangível e inapreensível.

Por isso a Escritura nos diz:

> *Despertai, vós que dormis, erguei-vos do leito e Cristo vos dará a luz.*[3]

O que descobriremos quando despertarmos do sonho humano? Não nos veremos a planar com um par de asas! Palmilharemos o mesmo chão com os mesmos pés. Enxergaremos com os mesmos olhos, mas a cena vista será bem diferente. Não mais lobrigaremos pessoas boas ou más, sadias ou doentes, humildes ou poderosas.

No instante do despertar, avistaremos apenas Deus como Ser Infinito e espiritual, para então descobrir a nossa verdadeira identidade. Graças a essa visão interior, veremos "a Ti, mundo invisível, Filho de Deus invisível no homem". Graças a essa visão interior, compreenderemos que existe só o bem — não o bem e o mal.

Comecemos ao menos por vislumbrar esse universo invisível, essa invisível Verdade, com a consciência de que bem agora o peixe nada nas águas, bem agora a águia fende os ares e, no mesmo grau, bem agora "Eu vivo, movimento-me e tenho o meu ser em Deus". Com toda a nossa imaginação não conseguiríamos visualizar o peixe fora da água ou a águia longe dos ares. Se pelo menos conservarem essa imagem na mente compreenderão como e por que vocês e eu não podemos estar fora de Deus. Não podemos nos afastar do Reino do Senhor, nem distanciar de nós

3. Efésios, 5:14.

esse Reino porque vivemos, movimentamo-nos e temos o nosso ser em Deus, e o Reino de Deus está dentro de nós.

É paradoxal, mas nem por isso menos verdadeira, a afirmação de que, assim como a gota d'água está no oceano, o oceano está na gota d'água. Sim, fisicamente isso não é possível, mas espiritualmente vocês descobrirão que é verdadeiro. Espiritualmente vocês aprenderão que vivemos, movimentamo-nos e temos o nosso ser em Deus, e que Deus vive, movimenta-se e tem o *Seu* ser em nós — devido à Unicidade. Deus é o Ser Infinito; Deus é a Consciência Infinita. Ora, se Ele é o único Ser e a única Consciência, Deus é a nossa consciência individual. "Tudo o que o Pai é, eu sou", ainda que, num dado momento, eu não consiga demonstrar a Totalidade e a Plenitude. Isso só vem com o desenvolvimento progressivo.

Hoje talvez nos sintamos um verme da terra e indignos de nos sentarmos a Seus pés. Mas com um pouquinho de esclarecimento espiritual conseguiremos chegar ao ponto de dizer: "Oh, não! Eu sou um estudioso da Verdade e algo mais que um mísero bicho da terra." Mais esclarecimento sobrevém e declaramos: "Sou o filho de Deus." Isso traz ainda mais luz, e dizemos: "Eu não sou apenas filho de Deus, mas o seu herdeiro, o co-herdeiro com Cristo de todos os bens celestiais." Parece que estamos crescendo, mas não estamos: apenas vamos nos tornando mais e mais conscientes daquilo que já somos, sempre fomos e sempre seremos. Não nos transformamos de vermes da terra no Cristo de Deus; apenas despertamos do sono humano e constatamos: "Já sou, sempre fui." Então avançamos e assumimos a nossa "nova" identidade, vivendo no mundo como se ele fosse verdadeiro — o que de fato é, embora ainda não o tivéssemos notado.

Estejam certos de que, em breve, defrontar-se-ão com tentações: a de acreditar que não estamos vivendo, movimentando-nos e tendo o nosso ser em Deus; a de aceitar a sensação de que estamos separados de Deus; a de aceitar o pecado, a doença, a morte, a carência e a limitação como condições reais a serem superadas. Quando essas tentações surgem, o remédio é dizer: "Obrigado, Pai, acho-me em casa em Ti. Encontro-me no lugar secreto do Altíssimo. A despeito dessa aparência, não temerei os males porque eu e o Pai somos um, e tudo o que o Pai possui é meu." Quanto mais vocês empregarem as palavras *é* e *sou*, quanto mais compreenderem que "sendo o Senhor o meu Pastor, nada devo desejar", mais perto ficarão da consciência do seu verdadeiro ser. Não tentem encontrar o Senhor ou fazer do Senhor o seu Pastor, não saiam em busca do Pastor; apenas compreendam que o Senhor *é* o seu Pastor, e a seguir enfrentem qualquer aparência de falta ou de limitação no abrigo e na segurança dessa Verdade. A Verdade é o nosso esconderijo e o nosso asilo permanente. Quando nos asilamos nessa Verdade e permitimos que essa Palavra habite em nós, encontramos o remédio para todas as tentações.

Não precisamos procurar remédios ou tratamentos, não precisamos orar porque já vivemos, movimentamo-nos e temos o nosso ser em Deus. Tudo o que nos resta fazer é permanecer serenos e reconhecer: "Obrigado, Pai, está feito." Em qualquer situação, "Não temais. Sou *Eu. Eu* estou no meio de vós, *Eu* estou convosco. Jamais vos abandonarei ou desampararei". Mas lembrem-se de que só concretizamos isso em nossa experiência quando o aceitamos em nossa consciência. O fato de tratar-se de uma verdade em nada os ajudará. Somente a percepção consciente dessa Verdade ser-lhe-á de valia. Essa Verdade aplica-se a todos, estejam eles às voltas com hospitais, com prisões, com guerras ou pobreza, mas ela não os ajudará, nem ao mundo em geral. Por quê? Por causa da insanidade do sentimento de separação de Deus que se cristalizou em nós.

Enquanto acreditarmos que somos algo exterior a Deus e tentarmos regressar a Ele, enquanto forcejarmos por trazer Deus para dentro da nossa experiência, continuaremos a nutrir o sentimento de separação de Deus. A única maneira de superar isso é reconhecer, aqui e agora:

> Não vos fieis no vosso próprio discernimento.
>
> Reconhecei-O por todos os modos e Ele vos dará repouso. Ainda que eu armasse a minha cama no inferno, Tu estarias ali. Se eu atravessasse o vale das sombras da morte, nenhum mal temeria, pois estarias comigo. Tudo aquilo que busco, já o sou. Poderoso é o Deus que trago em mim. O Senhor é o meu Pastor. Eu *estou* no lugar secreto do Altíssimo. Os nossos interesses são comuns. Tudo o que o Pai é, eu sou. Os meus olhos estão cerrados para a discórdia, para a desarmonia e para a tentação. Não vejo nem ouço o pecado.

Mas sim, vocês verão o pecado com os seus olhos e ouvirão o pecado com os seus ouvidos, entretanto, não o aceitarão como realidade. Verão nele unicamente sombras despidas de realidades, de modo que nem o temerão, nem o odiarão, nem o amarão, nem lhe darão poder. Jamais dêem poder às aparências porque "Não tereis outros deuses" — outro Poder. Claro, por muito tempo ainda verão o erro com os seus olhos e ouvirão o erro com os seus ouvidos. Vocês cheirarão o erro, degustarão o erro, tocarão o erro — mas não lhe darão poder. Não é preciso andar por aí negando-o ou ignorando-o. Simplesmente encarem-no e recusem-lhe o poder. Reconheçam apenas Deus como Poder. "Desde que o Reino de Deus está dentro de mim, Todo o Poder também está."

Desde que Todo o Poder está dentro de vocês, olhem à sua volta e constatem que nada no mundo pode ter poder. "Como a mente de uma pessoa lá fora haveria de ter poder se o Reino de

Deus, o Reino de Todo o Poder está dentro de mim? Como um micróbio haveria de ter poder se o Reino de Deus está dentro de mim? Como poderia alguém, alguma coisa, alguma circunstância ou alguma doença ter poder quando todo o Poder está em mim e flui de dentro para fora?" Então, vocês estarão aptos a olhar para qualquer pessoa, coisa ou lugar e dizer: "Não terá poder algum sobre mim, a menos que venha do Pai celestial." Jesus Cristo pôde dizer isso a Pilatos porque já reconhecera o Reino de Deus, Todo o Poder interior.

Depois que essa grande verdade estiver estabelecida na sua consciência, como serão capazes de amar, odiar ou temer alguém ou alguma coisa? Como darão poder aos bons ou maus pensamentos de alguém? Ninguém pode ajudá-los com bons pensamentos; ninguém, com maus pensamentos, pode prejudicá-los. Nenhum poder exterior os perturbará, exceto se lhe der poder. É como temer uma sombra na parede e fugir dela porque se parece com um homem, às vezes com um brutamontes! Ora, é apenas uma sombra! Se o Reino de Deus estiver dentro de vocês, então Todo o Poder também estará e, como Paulo, poderão dizer: "Nenhuma dessas coisas, nenhuma dessas pessoas pode ferir-me. Nem mesmo bombas haverão de fazê-lo. Nada do que está fora pode ofender-me porque tenho Todo o Poder dentro de mim." Nós não nos valemos de uma Verdade desse tipo como uma arma a ser empunhada contra algum poder maligno. Apenas nos apegamos a ela e a usamos como um lembrete constante da Verdade do ser. A partir daí, a Verdade domina a nossa consciência e torna-se lei na nossa experiência.

Essa Verdade na nossa consciência é uma armadura. Entretanto, a palavra *armadura* dá a idéia de defesa e, no momento em que pensamos em defesa, criamos problemas. Do que haveríamos de nos defender se Deus é Todo o Poder e Todo o Ser?

Por essa razão, no Caminho Infinito, vemos Deus como o Poder Único e usamos a expressão: a *armadura da Unicidade*.

Envergando a armadura da unicidade

O Deus Único é uma das maiores revelações de todo o ensinamento espiritual e, no entanto, mesmo no ponto mais alto desse ensinamento, essa revelação mal é mencionada. Não se trata meramente da afirmação de Deus como Um; trata-se de uma revelação. Deus é Um, a única Presença, o único Poder. Deus é a Vida Única que não precisa ser salva; a Vida Única que não precisa ser curada; a Alma Única que não precisa ser purificada. A Substância Única. A Atividade Única.

Sendo Deus a Substância Única, não existe substância má, substância maligna, substância excessiva ou substância escassa. Por isso, não temos necessidade de palavras, de pensamentos ou de coisas com as quais mudar as substâncias.

Deus é a Atividade Única. Quem temerá a atividade de Deus? Assim, não temos necessidade de palavras e de pensamentos, nem de armadura para nos defender ou para atacar. Verdade é que somos tentados a acreditar em outra atividade! Na próxima esquina poderá haver um marginal pronto a assaltar-nos, e a nossa primeira tentação é a de empregar a força física ou o poder mental para dominá-lo. Mas a Verdade espiritual sustenta: "Ficai em paz. A luta não é vossa." Não há outro Poder senão Deus; não há outra atividade a não ser a de Deus. Portanto, deixemos o homem armado divertir-se com sua arma ridícula, se quiser!

Quando caem as bombas atômicas, todos anseiam por um abrigo, por uma muralha ou defesa mental. Contra o quê? Contra a atividade de Deus? Mas se não existe outra atividade! Num mundo cristão onde o ensinamento se baseia por inteiro em Deus como Atividade Única, por que haveria alguém de temer? As bombas, como os micróbios, não passam de outras tantas tentações.

Nós, que pertencemos ao mundo metafísico, não tememos tanto os micróbios quanto os demais; por isso não sofremos tanto por causa deles. Se o contágio e a infecção tivessem algum poder, nós teríamos tantas doenças infecto-contagiosas quanto o resto do mundo. Todavia, andamos por entre as outras pessoas e nada acontece. Por quê? Porque descobrimos que não existe poder algum no contágio e na infecção. Essas coisas só teriam poder se fossem uma atividade de Deus. Mas não são: são meras aparências tentando nos induzir a acreditar numa atividade, substância ou presença independente de Deus. Que diferença faz se se trata de um germe infinitesimal ou de uma bomba gigantesca? Nenhum dos dois tem a capacidade de nos matar! Só a crença humana lhes dá poder.

Se a nossa vida é ameaçada, rimos disso porque existe apenas uma vida, a Vida de Deus. Só a nossa crença em duas vidas — a de Deus e a nossa — nos sujeita ao medo de perder esta última. Entretanto, no momento em que acabarmos de vez com a idéia de uma vida isolada de Deus, adentraremos a imortalidade e a eternidade aqui mesmo na terra.

Quando falamos de Unicidade, estamos falando de Deus como o Poder Único — não um poder a ser usado contra o poder maligno ou com o qual superaremos o pecado e a doença, pois nada há lá fora capaz de nos proteger. Em outras palavras, "envergar a armadura da Unicidade" lembra Davi marchando contra Golias sem o sentido mundano da armadura e sem nenhuma das armas do mundo. Davi provou que Golias não era um poder, mas apenas um fanfarrão.

"Envergar a armadura da Unicidade" significa sair a campo sem a espada da agressão nem a couraça da defesa, sem afirmações nem negações. Com afirmações e negações tentamos debelar o pecado, a enfermidade, a morte, a carência e a limitação. Mas não há realidade nessas condições: elas são simples aparências que nos incitam à guerra.

A guerra começa com armaduras e espadas e passa para canhões e bombas; quando nos tornamos metafísicos e atingimos a esfera mental, a batalha é com pensamentos, com afirmações e com negações. Nada mais fácil que renunciar a armaduras e a espadas quando se está nessa esfera; mas renunciar a afirmações e a negações é mais difícil.

Enverguem a armadura da Unicidade. Enfrentem todas as situações da vida com esta palavra: *Unicidade*. Se se sentirem ameaçados por uma atividade má, lembrem-se de que Deus é a única Atividade. Se se virem às voltas com um falso senso de substância (excessiva ou escassa), recordem que existe apenas uma Substância, que é Deus. Não há substância má; não há substância maligna; não há substância doente. Há apenas uma Substância, que é o Espírito.

Enfrentem qualquer situação, qualquer condição na vida com a palavra *Um*; Uma Vida, Uma Alma, Uma Mente, Um Ser — e mesmo Um Corpo. Desde que existe apenas um Deus e uma Vida, só pode existir uma corporificação, que é o corpo de Deus. As aparências nos fazem crer que cada um de nós tem um corpo. Todos parecemos diferentes — alguns saudáveis, alguns não; alguns mais, alguns menos. Por isso, aceitamos a crença na dualidade, na existência de mais de um corpo.

"Não sabeis que o vosso corpo é o templo do Senhor?" Não quer isso dizer que cada um de nós tem um templo de Deus. Quer dizer que o nosso corpo — o de vocês e o meu — é o templo de Deus. Se a Unicidade é a Verdade, então existe apenas Um Corpo, e quanto a isso nada temos a temer.

CAPÍTULO 7

A Prática da Verdade Espiritual

O ensinamento espiritual planta sementes de Verdade em nossa consciência. A Verdade — sinônimo de Deus, de Amor, de Cristo, de Espírito — é plantada na nossa consciência como uma semente. Não importa a profundidade dessa verdade; ela só pode penetrar na nossa consciência em forma de semente. Trata-se apenas de uma semente, não do fruto pronto para ser comido, saboreado, compartilhado com os vizinhos. Não podemos compartilhar a semente. Seria como plantar uma semente em nosso jardim, e no dia seguinte arrancá-la para dá-la ao vizinho! Se fizermos isso, jamais teremos uma colheita para dividir com os amigos, com a vizinhança e com a comunidade.

Leva tempo até que a semente se desenvolva e floresça em sua plenitude. Ela deve ser mergulhada bem fundo na consciência, cultivada e bem tratada para que crie raízes, cresça, floresça e se cumpra como fruto pronto a ser dividido. Não esperem ver já no dia seguinte uma árvore adulta e carregada de frutos. Mantenham essas gemas da Verdade guardadas dentro de vocês mesmos e observem como elas se desenvolvem, se expandem e frutificam.

As sementes de Verdade que trazemos para dentro da nossa consciência, com as quais vivemos e que tantas vezes praticamos são a gratidão para com Deus ou com o próximo, a benevolência, o perdão aos inimigos e a prece por eles. Quando essas sementes de Verdade frutificam — quando a Verdade é demonstrada dentro de nós —, então podemos começar a dividir a colheita. A Verdade transformou-se no poder de curar, de aumentar o suprimento, e assim por diante.

Temos o exemplo do Mestre, que manteve a Verdade dentro de Si até a idade de 30 anos. Antes disso, nunca tentou pregar, ensinar ou curar. Apenas refletiu sobre essas Verdades no íntimo, viveu com elas, praticou-as, mostrou-se grato por elas. E, quando se sentiu pronto, saiu para o mundo e revelou Sua Graça espiritual, que Nele florescera plenamente.

Com muita freqüência a verdade se abre para nós quando estamos lendo um livro, meditando ou mesmo escrevendo. Uma Verdade conhecida apenas intelectualmente torna-se de súbito uma Verdade viva, dinâmica, substancial. Se isso acontece, podemos sair, presenteá-la aos outros e, pelos indícios que se seguem, saber que a estamos ofertando.

Como muitos sabem, jamais ensinei uma Verdade que primeiro não houvesse sido constatada e depois demonstrada por mim, ainda que numerosos livros já a contivessem. Durante vários anos, os estudantes me questionaram a respeito do Sermão da Montanha. E minha resposta invariável era: "Já o li, mas não o compreendi. Continua inapreensível para mim e por isso nada direi a respeito." Então, em 1956, enquanto dava uma aula, a compreensão plena do Sermão da Montanha me foi concedida. Pelo resto daquele ano letivo divulguei a Verdade que por si mesma se revelara a mim, pois tratava-se agora de uma Verdade constatada. No ano seguinte, essa verdade tornou-se pública por intermédio dos meus livros.

É o que se espera que façamos com as muitas Verdades da Bíblia. Não temos o direito de falar sobre elas até que se tornem vivas para nós, até que vivam em nós, e a si mesmas se provem e demonstrem. Só então teremos algo da Bíblia para compartilhar.

Deve-se cultivar as sementes da verdade em segredo

Se alguma coisa dentro de vocês reconhece que o que estou dizendo é fruto da minha experiência e daquilo que observei na vida de muitos durante a caminhada espiritual; se sentem que as minhas declarações têm alguma propriedade, então comecem a cultivar em segredo uma das sementes da Verdade. Por exemplo, tomem o princípio do suprimento, mantenham-no guardado no fundo da consciência e passem a praticá-lo às ocultas. Compartilhem até o pouco que possuem. Lancem o seu pão às águas tentando reservar alguns momentos diários para orar por seus inimigos e perdoá-los — seus inimigos e os inimigos do mundo. Dedique também alguns momentos do dia à prática da caridade. Cultivem a idéia de reservar certa quantia de dinheiro para ajudar a obra beneficente que desejarem. *Mas ajudem-na em segredo.* Lembrem-se de orar e de fazer caridade em silêncio. Se fizerem essas coisas "para serem vistas pelo homem" e assim merecerem aprovação, perderão a Graça de Deus. O Pai, que vê em segredo, recompensá-los-á às claras.

Pratiquem a gratidão. Pratiquem o "Obrigado, Pai, eu tenho". Lembrem-se de que, se expressarem uma carência, continuarão a experimentar essa carência porque perderão até o pouco que possuem: "Àquele que nada tem, o pouco que tem lhe será tirado."[1]

---

1. Mateus, 13:12.

Tragam para dentro da consciência as seguintes palavras: Onipresença, Onipotência, Onisciência. Reflitam sobre elas, e toda vez que a evidência de alguma forma errônea de poder se apresentar a seus olhos, afirmem interiormente que essa forma enganosa de poder não pode ser verdadeira se a Onipotência o é.

Sempre que se sentirem tentados a recorrer a Deus para comunicar-lhe seus problemas, imediatamente pensem na palavra *Onisciência* — Conhecimento de Tudo, Sabedoria Plena — e aceitem que Deus já sabe há muito tempo das suas necessidades e problemas.

Trabalhem com essas palavras de maneira consciente e contínua, mas, acima de tudo, façam isso em silêncio e às ocultas. Falar a respeito delas seria como espalhar as sementes na superfície da Terra em vez de enterrá-las no solo.

Trabalhem com a Onipotência, com a Oniscência e com a Onipresença até que elas cresçam em vocês e nasçam plenamente formadas, como bebês. Então vocês compreenderão que toda concepção é espiritual, que essas idéias são geradas dentro de vocês mesmos. Então compreenderão o significado da Imaculada Concepção e do nascimento virginal.

Essas idéias se enraízam em nós como embriões da Verdade; e, após trabalhar com elas, refletir sobre elas e fruí-las, um belo dia vemos esses embriões de Verdade nascerem virginalmente, com as características que se seguem. Elas surgirão alegres e cantando. Os sábios do mundo virão até nós e curvar-se-ão perante essa Verdade a que demos nascimento. Homens e mulheres nos homenagearão por essa Verdade que nasceu de nós e que agora se espalha pelo mundo a fim de abençoá-lo.

Entretanto, antes que possamos apresentar a Verdade ao mundo, temos também de levá-la "para o Egito e ocultá-la" durante algum tempo, pois o mundo sempre forceja por destruir a Verdade. Por quê? Porque a Verdade destrói o conforto da vida humana. A Verdade destrói o bem material, assim como o mal material. Aniquila o bem pessoal e erige em seu lugar o Amor Divino, o Amor que podemos compartilhar não apenas com os outros membros do nosso acanhado círculo religioso, mas também com os amigos e até com os inimigos. Devemos Amor aos nossos vizinhos, independentemente de suas crenças religiosas ou científicas.

A Verdade pode ser desagradável

A Verdade costuma ser desagradável às pessoas que não estão à sua procura. À medida que avançamos no caminho da vida espiritual, vamos repelindo os modos de vida do mundo. A nossa linguagem se altera; pragas e obscenidades desaparecem do nosso vocabulário. Os modos e meios de vida mundanos tornam-se mais aborrecidos do que nunca. Sentimo-nos mais ofendidos pelas injustiças insignificantes do que o mundo pelas grandes. De sorte que, quando apresentamos a Verdade de uma forma concreta àqueles que ainda amam a vida humana, podemos estar certos de que os ofendemos e de que eles planejam "dar o troco", a menos que sejamos suficientemente sábios para compreender que nenhum poder foi dado ao mal. Todo Poder emana de Deus e Todo Poder é bom.

Muitas vezes ansiamos por compartilhar a Verdade com aqueles que vemos em desgraça. Sentimos que o que sabemos pode ser tão importante para eles que saímos correndo e tentamos lhes oferecer esse conhecimento. Mas quando vocês se sentirem tentados a isso, lembrem-se do princípio do segredo. Lembrem-se de que poderão conquistar as boas graças do vizinho, mas certamente perderão a Graça de Deus. Conservem a Verdade em seu íntimo até que ela frutifique. Não ofereçam a Verdade que conhecem, ofereçam apenas os frutos dessa Verdade: perdão, oração, caridade. O segredo consiste em mantê-la dentro de nós até que se estabeleça tão firmemente que já a possamos dividir livre e generosamente.

Pratiquem a verdade em todas as atividades

O rumo de uma vida pode ser mudado no prazo de um ano graças ao estudo, à prática e à vivência espiritual da Verdade. Os agentes de cura podem nos curar uma vez, duas vezes, três vezes, mesmo dez vezes; podem nos nutrir espiritual e fisicamente. Mas se nós próprios não nos alçarmos em consciência o bastante para encarnar e viver a Verdade, perderemos a oportunidade de nos livrarmos do pecado, da doença, da carência da limitação e até da morte.

Essas liberdades não podem ser obtidas sem esforço e luta. Não basta ler sobre a Verdade ou ouvir falar sobre ela. Conforme nos ensina a Escritura, temos de nos tornar "fazedores" da Palavra. Temos de estudar, de praticar e de viver a Verdade espiritual porque a Verdade só se revela na nossa experiência em forma de harmonia exterior na medida em que passa a ser uma atividade no interior da nossa consciência. A prática tem de ser uma parte diária e ativa da nossa consciência até fazer-se hábito em vez de pensamento, de tratamento ou de meditação ocasional.

No meu livro *The Infinite Way* incluí algumas passagens, nas páginas 97 a 103, que esboçam uma atividade da Verdade com a qual podemos iniciar o dia e, até certo ponto, passar o dia inteiro. De manhã, ao despertar, reconheçam Deus como a Atividade do dia, como a Substância e a Lei de tudo quanto vai acontecer naquele período. Reconheçam Deus como o Poder Único e a Presença Única com que vocês defrontarão.

Esse reconhecimento de Deus é a realização do que a Escritura nos diz:

Tu conservarás em paz Aquele cuja mente está firme em ti; porque Ele confia em ti.[2]

Confia no Senhor de todo o teu coração e não te estribes no teu próprio entendimento.[3]

Reconhece-O em todos os teus caminhos e Ele endireitará as tuas veredas.[4]

Não terás outros deuses diante de mim.[5]

A prática da Verdade aplica-se a toda atividade e condição da nossa vida. Ler livros sobre a Verdade, assistir a conferências ou aulas sobre a Verdade e ouvir gravações sobre a Verdade constituem excelentes atividades até certo ponto, mas, a menos que a Verdade se transforme numa atividade da mente consciente, nada disso produzirá frutos duradouros.

Precisamos fazer de Deus o tema central da nossa vida por meio de uma atividade consciente do pensamento. Quando saímos para o trabalho, devemos reconhecer que Deus é a Atividade, a Fonte de nosso suprimento, a Lei dos nossos negócios, da nossa saúde, do nosso ser — de todas as nossas relações humanas. Deus tem de ser reconhecido como a verdadeira fonte e conduto do nosso bem. Isso foi lei ao longo das eras, bem antes de Abraão, Isaac e Jacó. Mas só esteve disponível para quem o praticou. "Conhecereis a Verdade e a Verdade vos libertará."

---

2. Isaías, 26:3.
3. Provérbios, 3:5.
4. Provérbios, 3:6.
5. Êxodo, 20:3.

Entretanto, cumpre que ela se torne parte consciente da nossa percepção, parte consciente da nossa vida diária, até fazer-se tão automática que passemos a pensar nela inconscientemente. Depois, é claro, seguir-se-ão outras fases da vida, algumas das quais são examinadas em meu livrinho *Love and Gratitude*.

A prática da verdade é árdua

A prática da Verdade é árdua, sou o primeiro a admitir. O Mestre disse que o caminho é estreito e reto, e que poucos o encontram. As multidões subiram ao monte e testemunharam a multiplicação dos pães e dos peixes, alimentando-se deles. Contudo, entre aquela gente, poucos seriam capazes de fazer o mesmo: era mais fácil receber o alimento das mãos do Mestre do que aprender a produzir esse alimento. O mesmo quanto às curas: melhor deixar que o Mestre as operasse. Por fim, o Mestre teve de parar de dar de comer às multidões e de curar os enfermos. Ele reconheceu que barriga cheia e corpo sadio não iam levar ninguém para o Reino de Deus. Então disse: "Se eu não me for, o Consolador não virá a vós." Sim, as multidões sentavam-se a Seus pés e O escutavam, mas não saíam a praticar as lições recebidas. Apenas uns quinhentos dos que foram instruídos pelo Mestre aprenderam o suficiente a respeito da Verdade para reconhecê-Lo quando Ele caminhou de novo pela terra após a Ressurreição!

Aqueles que palmilharam a senda espiritual dirão que é muito difícil alcançar a liberdade espiritual em Cristo — liberdade da limitação material, da lei material, da limitação moral, de todas as formas de limitação que cerceiam a criatura humana. Dirão também que, tendo-a alcançado, acharam ainda mais difícil conservá-la, porquanto a atração do mundo é tal que sucumbir à tentação se torna muito fácil. Cada qual sucumbirá a seu modo, a menos que use cada fragmento de consciência para preservar a sua integridade espiritual.

Pode-se perguntar: “Se a tarefa é tão difícil, valerá o esforço?” Quem quer que tenha escapado à miséria, a uma saúde precária ou à subserviência a falsos desejos e apetites confirmará que o esforço vale a pena. Tudo o que puder nos trazer mais saúde, harmonia e suprimento, ou nos tornar capazes de proporcionar essa liberdade a nossas famílias, amigos, pacientes ou alunos merece que lutemos e forcejemos por obtê-lo.

Estudar e praticar a música aguça a consciência musical; estudar e desenvolver a arte aprimora a consciência artística. Da mesma maneira, ler, estudar e praticar a Verdade aperfeiçoa a consciência da Verdade — a percepção espiritual da Verdade. E é essa consciência espiritual que faz o trabalho. Quando atingirem certo grau de consciência espiritual, vocês não precisarão mais se empenhar tanto no estudo ou no tratamento. Será mais o caso de, vivendo e movimentando-se na consciência espiritual, conservá-la e mantê-la bem acima dos atrativos deste mundo.

O desenvolvimento da consciência espiritual é possível para todos. O grau de consecução depende por inteiro do tempo e do esforço empregados. Não se pode tirar mais do que se dá. Quanto mais estudarmos a Verdade recorrendo a professores, a livros, a gravações e a aulas, maior e mais rápido será o nosso desenvolvimento. Entretanto, convém nunca esquecer que o estudo e a prática propiciam certo grau de consciência espiritual, que é quem faz o trabalho.

É impossível, para quem ouve falar deles pela primeira vez, absorver e assimilar esses princípios. Por isso, não percam a oportunidade de lê-los ou ouvi-los sempre que a ocasião se apresentar, pois assim poderão encerrá-los no íntimo, refletir sobre eles e praticá-los até que dêem frutos segundo a sua espécie. Então, sentir-se-ão verdadeiramente gratos por essas lições.

CAPÍTULO 8

Três Princípios de Cura

Existem três princípios específicos do Caminho Infinito que convém aplicar quando defrontamos com os problemas da vida cotidiana. Eles constituem também os princípios de cura do Caminho Infinito.

Provavelmente, o princípio mais importante na mensagem do Caminho Infinito é que não devemos usar Deus para nenhum propósito. Não usamos Deus nem a Verdade para superar o pecado, a enfermidade ou a morte. Ao contrário, no Caminho Infinito, procuramos nos tornar o instrumento da Verdade. Abrimo-nos de forma que possamos ser usados por Deus e pela Verdade. Em outras palavras, tentamos ser o instrumento por meio do qual Deus possa manifestar-se sob o aspecto da nossa vida individual e viver Sua vida como nós, a fim de guiar, dirigir, governar, amparar, manter e suprir.

Deus nos usa para curar

Quando, no silêncio e na serenidade, nos tornamos fisicamente o instrumento de Deus — o Amor Infinito, a Sabedoria Infinita, a Vida Infinita —, *Ele* pode manifestar-se por intermédio do nosso corpo e, através dele, realizar *Suas* funções. Deus, ou a Verdade, pode valer-se de nós e manifestar-se sob nossa forma para operar curas, caso tenhamos escolhido a profissão de curar; para inventar, caso sejamos inventores; para criar música, caso sejamos compositores, etc. Uma vez que Deus é Onisciência (a Sabedoria Infinita), todas as emanações vêm de Deus, quer apareçam como plantas de engenharia, descobertas científicas, obras literárias ou artísticas. Quaisquer que sejam as formas que assumam, constituem emanações de Deus porque Ele é a Sabedoria Infinita, e nós não passamos de instrumentos por meio dos quais essa sabedoria se manifesta.

Portanto, a interpretação da vida não consiste em aprender como usar a Verdade de Deus, mas em ser suficientemente receptivo ao Impulso Divino para que a Verdade nos use. A Vida pode fluir por nós como a nossa vida, e a Sabedoria pode fluir por nós como a nossa sabedoria. Entretanto, não nos pertencem; pertencem a Deus.

Deus é o único Poder

Aflições, discórdias, moléstias e desarmonia existem na experiência humana devido à nossa ignorância da Verdade básica, segundo a qual só Deus é Poder. Trata-se de uma ignorância universal, que se impõe quando somos concebidos e começa a nos controlar quando nascemos. Chegamos ao mundo ignorantes da Verdade espiritual, aceitando a crença em dois poderes — o bem e o mal — muito antes de compreender o seu significado. Tornamo-nos mortalmente receosos do mal; temos medo de fracassar, medo de encontrar estranhos, medo de automóveis, medo de praticamente tudo o que existe — e até somos mandados à igreja para aprender a temer a Deus!

Como estudiosos do Caminho Infinito, a nossa primeira lição deve ser esta: desde que a natureza de Deus é a Infinitude, nenhum poder ou lei pertence a uma natureza discordante, material ou limitada. Devemos aprender a "não resistir ao mal", a "embainhar a espada". Devemos aprender a encarar todas as formas de "Pilatos" e dizer: "Oh, você parece terrível e, pelo que ouço, é de fato ameaçador! Mas não teria nenhum poder sobre mim, exceto se esse poder lhe fosse dado pelo Pai!"

É difícil alcançar o nível de consciência em que se pode contemplar um homem aleijado e dizer: "O que te impede? Levanta-te da cama e anda!", ou: "Lázaro não está morto, apenas dorme. Vem para fora, Lázaro!"; e, ao cego: "Abre os olhos e vê!", pois não há nenhum poder capaz de evitá-lo. Há um só poder operando na consciência, e esse Poder é Deus.

Devemos fazer, conscientemente, a transição para esse nível de consciência porque, até esse princípio começar a viver em nós e a tornar-se uma convicção íntima, não podemos demonstrá-lo. A transição vem com a prática e, mesmo então, apenas somos capazes de demonstrar a cura até certo ponto.

Esse é o princípio básico da cura e é aquele que mais dificuldade apresenta aos estudiosos, especialmente os de formação metafísica, pois foram instruídos a usar a Verdade para superar o erro. Vocês precisam acostumar-se à idéia de que não podem usar a Verdade, de que a Verdade é Infinita, de que a Verdade é o próprio Deus. Ninguém pode usar Deus, ninguém pode influenciar Deus, ninguém pode forçar Deus. Estaríamos, inconscientemente, pensando em Deus como um servo, comunicando-Lhe as nossas necessidades e esperando que Ele as atendesse, inteirando-O de nossos desejos e exigindo que os realizasse, pedindo-Lhe este ou aquele favor e mesmo dando-Lhe ordens como a um serviçal? O próprio Mestre reconheceu que não era um mestre, mas apenas o servo de Deus.

O mal não é pessoal

Temos outro princípio sobre o qual o trabalho de cura se baseia. Novamente, as pessoas de formação metafísica deverão trabalhar duro com ele até romper com as crenças antigas e compreendê-lo para enfim demonstrá-lo. Esse princípio é: *não existe um mal pessoal*. Ninguém é pessoalmente responsável pelos pecados, pelas doenças, pelas carências ou pelas limitações que ocorrem no âmbito de sua experiência. Pensamentos errôneos não engendram essas coisas, nem a inveja, o ciúme ou a malícia. Não as produzem a cobiça, a cupidez, a ambição desenfreada. Nenhuma falha que possa ser detectada em nós pode criá-las. Não somos responsáveis pelos males que se manifestam por nosso intermédio ou em nossa experiência. Isso é fácil de aceitar; só se torna difícil quando afirmamos que nem a nossa esposa, nem o nosso marido, nem pessoa alguma é responsável por qualquer dos males!

A Verdade é que somos filhos de Deus. Deus manifesta *Sua* vida sob a forma do nosso ser individual. Ele Se expressa na terra por intermédio da nossa pessoa. A Vida que é Deus é a nossa vida individual, sendo portanto eterna e imortal. A nossa mente é a mente que esteve também em Jesus Cristo, que é infinitamente sábia, infinitamente pura. A nossa alma é imaculada e nada podemos fazer para mudar isso porque Deus é a nossa alma, o nosso ser. Dando um passo à frente, o nosso corpo é o templo do Deus vivo. Essa a Verdade sobre nós, sobre a nossa vida, sobre a nossa mente, sobre a nossa alma, sobre o nosso corpo, sobre o nosso ser. Por que, então, tanta discórdia?

Em tempos passados, foi criada uma entidade chamada Demônio ou Satã. Mais tarde, Paulo designou-a como "mente carnal". Na linguagem metafísica, é conhecida como "mente mortal". O nome, porém, não faz diferença: todos estão corretos. Há um Demônio ou Satã, há uma mente carnal ou mortal que é a fonte de todos os males. Assim, quando virem um homem roubando, não digam que ele é o mal, pois não passa do instrumento usado pela mente carnal. Apesar do pecado, da doença, de carência ou da ignorância que observarem nas pessoas, por favor, não as condenem. Elas são meros instrumentos pelos quais a mente carnal funciona. Quando Jesus foi crucificado, os judeus foram acusados por uns, os romanos por outros. Mas não deviam sê-lo absolutamente! Tratava-se da mente carnal, que é o Anticristo, o inimigo das coisas de Deus, e a mente carnal pode destruir-nos se a reconhecemos como poder.

Outro engano que primeiramente se cometia era pensar no Demônio ou no Satã como o oponente de Deus, cabendo a Este livrar-se dele. Ao longo das eras, a religião empenhou-se em vencer o Demônio. Mas o Demônio não tem poder! O Demônio é apenas aquilo que fazemos dele.

O mundo metafísico cometeu o mesmo engano. Os metafísicos dirão, em todas as línguas, que não existe o Demônio ou Satã, apenas a mente mortal. Então engendram meios de proteger-se da mente mortal lançando mão de uma infinidade de citações e de afirmações para esconjurá-la!

Devemos reconhecer que o mal é impessoal. Ele provém de uma fonte impessoal, e essa fonte é a crença no bem e no mal. É tudo o que se pode dizer da chamada mente mortal. *Como entidade*, não existe mente mortal, mente carnal, Demônio ou Satã. Existe apenas a *crença* universal em dois poderes, que é a causa da discórdia e da desarmonia sobre a face da Terra.

Não devemos resistir ao mal

Ao combater a chamada mente mortal ou qualquer das suas formas e expressões individuais, criamos um inimigo mais poderoso do que nós mesmos. Quanto mais lutarmos contra ele, mais seremos derrotados no final, porque Deus, puro demais para enxergar a iniqüidade, dela não tem conhecimento e não pode ajudar nessa questão!

Os antigos hebreus imploravam: "Deus, derrota os meus inimigos, destroça-os; vai adiante de mim e aniquila essa gente horrível!" Isso não são preces cristãs! Elas não foram ensinadas por Jesus Cristo! No entanto, toleramo-las, e mesmo em metafísica esperamos que Deus derrote a mente mortal, o pecado ou a doença.

A superação da mente mortal tem de ocorrer dentro de nós mesmos, pelo reconhecimento da Verdade: "*Eu* jamais os abandonarei ou esquecerei. Se atravessarem as águas, não soçobrarão. Se cruzarem o fogo, as chamas não os devorarão." Por quê? Porque não têm poder. Quando vocês compreenderem isso, quando compreenderem a missão e a mensagem do Cristo Jesus, perceberão como pôde Ele perdoar a mulher adúltera, o ladrão crucificado ou Judas, que O traiu. Jesus sabia, graças à Revelação Divina, que essas coisas não tinham poder algum.

Bem sei eu como é difícil contemplar os pecados, as doenças e os horrores do mundo e acreditar realmente que não disponham de poder. Todavia, se conseguirem aceitar e praticar esses princípios espirituais até que se transformem numa força viva dentro do seu próprio ser, então, ao testemunhar a sua primeira cura, compreenderão ter visto esses princípios em ação. Em outras palavras, na primeira vez em que forem instrumento de cura de si mesmos ou de outra pessoa, sem pedir a Deus que faça alguma coisa ou esperar que a Verdade elimine o erro, mas apenas aceitando que Deus é o único Poder e que "não terás poder sobre mim, a menos que esse poder tenha sido dado por Deus", então se sentirão confiantes para ir sempre em frente, até conseguirem realizar grandes coisas.

Não devemos julgar pelas aparências

Em nossa vida mundana, fomos ensinados a julgar, a criticar e a condenar os outros o tempo todo, em qualquer parte e por qualquer coisa que fira o nosso senso do que é certo ou errado. Neste caso, entretanto, devemos alterar toda a nossa atitude para que nunca sejamos acusados de julgar, de criticar ou de condenar as pessoas. Em vez disso, cabe-nos reconhecer que a fonte de tudo quanto nos parece errado é apenas a mente carnal, destituída de poder, e que, a despeito das aparências, quem procurar a ajuda dos meios espirituais a receberá. O princípio de "não julgar pelas aparências" aplica-se a todos os que encontrarmos ao longo da vida, estejam ou não à procura de ajuda espiritual.

A cura é uma manifestação da Verdade

A cura — seja da saúde precária, do suprimento insuficiente ou de outro problema qualquer — é a manifestação visível da Verdade de uma mensagem espiritual. Por isso a cura tem sido uma atividade vital para mim — não pela importância de recuperar doentes, mas pela oportunidade que tenho de revelar os princípios graças aos quais podemos deixar de ter uma saúde precária e encontrar a saúde espiritual em Deus.

Não se realiza uma cura apenas pelo conhecimento da Verdade no plano intelectual. Não é a Verdade lida nos livros, aprendida ou conhecida que cura. Muitos que estudaram profundamente os inúmeros e excelentes manuais sobre cura jamais a realizaram para si mesmos ou para os outros, pois ela não provém da Verdade que conhecemos; ela provém da consciência da Verdade que atingimos.

Quando perguntaram ao Mestre: "És aquele que devia vir?", Ele respondeu: "Os doentes foram curados. Os mortos ressuscitaram. Ide e comunicai as coisas que haveis visto."

Quando nos perguntam: "O Caminho Infinito é eficaz? É a Verdade?", há só uma resposta: "Julgai-o na medida das curas que testemunhastes." Se o praticarem fervorosamente, poderão acrescentar mais tarde: "Estamos demonstrando sua verdade na proporção das curas que realizamos."

Dois passos rumo à cura

Há dois passos na prática da cura: despersonalizar e anular. Poderíamos dizer que antes de dar esses dois passos é preciso dar um outro: reconhecer o Poder Único e não tentar superar poderes e crenças negativas ou atender reivindicações que se nos apresentem. Entretanto, essa é uma prática contínua em nossa vida cotidiana; os dois passos que dizem respeito particularmente à cura ou ao tratamento são a despersonalização e a anulação.

Despersonalização

Na cura, a primeira tarefa consiste em despersonalizar. No momento em que João da Silva pedir ajuda, tirem-no da cabeça. Não se fixem no João da Silva um instante sequer. Acima de tudo, nada vejam de mau nele; esqueçam isso imediatamente. A solicitação não é uma condição, uma coisa ou uma pessoa. Não pertence a ninguém. Trata-se de uma imposição pessoal daquilo que chamaríamos mente carnal ou mortal. Cuidem para que não exista uma pessoa, uma pessoa sobre quem ou por meio de quem trabalhar. Despersonalizem-na, isolem a solicitação da pessoa.

Quando estiverem seguros de ter efetuado a despersonalização a ponto de não pensarem no indivíduo, dêem o segundo passo, que é a anulação.

Anulação

No Gênesis, conta-se que Deus criou todas as coisas e que todas as coisas por Ele criadas são boas. Ora, se Deus criou tudo o que existe e se tudo o que existe é bom, então Deus não criou a mente carnal ou mortal, Satã ou o Demônio. Essas coisas não passam de conceitos da mente humana. O que quer que não seja bom não foi feito por Deus; o que quer que Deus não criou, não existe.

Se vocês quiserem saber até que ponto um determinado conceito humano é carente do poder, fechem os olhos e, mentalmente, construam a maior bomba atômica que puderem visualizar, combinando-a com hidrogênio e todas as formas de fissão nuclear de que tenham conhecimento. Agora, multipliquem-na mil vezes — e atirem-na para o ar, esperando o resultado! Nada acontecerá. Ela não tem poder. A bomba que vocês fabricaram na imaginação é apenas um conceito mental, sem substância, sem lei, sem entidade, sem ser. Sua forma existe apenas na mente, como imagem mental.

Quando compreenderem que o Demônio é uma entidade criada pelo homem, produzida na mente humana e não na mente de Deus, e que não tem lei, substância, atividade, fonte ou canal, então anulem-na. Vocês a terão reconhecido pelo que ela é: um poder temporário, braço da carne, em nulidade. E é aqui que o trabalho de cura principia.

Independentemente do nome ou da natureza do problema que enfrentarem, estejam certos de que não passa de uma tentação do Demônio, que se apresenta por meio da aceitação ou da rejeição. Não é nada mais do que um conceito humano dependente da crença no bem e no mal. Quando não mais acreditarem no bem e no mal, não mais terão uma mente humana ou mortal. Há limitação, finitude e negatividade apenas enquanto subsiste a crença no bem e no mal.

Pensamento incorreto

Muitas vezes, quando estamos com amigos, parentes ou pacientes, costumamos adotar uma postura crítica, repleta de julgamentos, ou ares metafísicos do tipo: "Seus pensamentos são incorretos. Há algo em sua mente que você precisa corrigir." Decerto que há, mas a única coisa que precisa ser corrigida é a crença em dois poderes. Todos nós precisamos corrigir o mesmo equívoco: a crença de que Deus não é Onipresença, Onisciência e Onipotência. Que tolice a idéia de que o ressentimento provoca reumatismo, a inveja câncer, a sensualidade tuberculose! É isso mesmo, pura tolice, porque nem os praticantes da metafísica, nem os médicos especialistas em doenças psicossomáticas podem prová-la. Talvez afirmem que, se nos livrarmos das qualidades negativas de emoções humanas como o ressentimento, ficaremos curados — mas não sabem como podemos nos livrar delas. Nós, porém, sabemos: basta compreender que são impessoais, não tem poder de lei que as sustente.

Toda fase de discórdia que sobrevém em nossa vida é uma influência mesmérica da qual não sabemos como nos proteger. Em outras palavras, mesmo quando estamos em meio a uma epidemia, não sofremos necessariamente da doença, mas do mesmerismo da publicidade a respeito dela. É provável que morra tanta gente da influência mesmérica da doença quanto da própria doença. O mesmo é verdadeiro quanto aos incêndios em grandes edifícios: sabemos que muitos perecem por causa do pânico, do medo, da ânsia de viver, e não por causa das chamas.

A crença universal no bem e no mal age hipnoticamente sobre todas as pessoas deste mundo. A cada manhã pode-se prever o número de vítimas de acidentes de trânsito, mas não quem serão essas vítimas. Poderá ser você e eu. Quando saímos de casa pela manhã, cocos caem das árvores, carros se chocam, raios fulminam — e não temos nenhuma garantia de que à tarde estaremos de volta. Haverá um modo de não nos transformarmos em estatísticas? Sim, há de fato!

Pela manhã pensem nisto conscientemente:

> Há um só Poder atuando no universo e não é o poder do acidente, da morte, do pecado ou da doença. O Poder Único que atua é o mesmo que faz o sol se levantar e se pôr, as marés subirem e descerem no devido tempo. É o mesmo Poder que atulha de peixes o oceano e de pássaros os ares. Ele é o único Poder que atua no Universo, o Poder que opera na minha consciência. É a lei da minha experiência. Não há poder algum na sugestão hipnótica das estatísticas. Não há poder algum na crença em infecções e contágios. Não há poder algum na mente mortal, na mente carnal ou em qualquer das suas formas de crenças, individual ou coletiva.

Então perceberão até que ponto os contratempos diários ficam fora da sua vida. "Mil cairão à tua mão esquerda e dez mil à tua mão direita, mas a treva não cairá sobre a tua casa." A casa de quem? Das pessoas que habitam o lugar secreto do Altíssimo — não uma casa, nem um carro, mas o lugar secreto do Altíssimo. Como fazer isso? Tem de ser feito conscientemente.

A expressão da consciência

Tudo na vida é expressão da consciência ou da má vontade em permitir que a consciência se expresse. Quando bloqueamos a expressão da nossa consciência, tornamo-nos permeáveis às crenças no bem e no mal que avassalam o mundo. Vocês têm, portanto, uma escolha: ou absorvem tudo e expressam o que absorveram ou se tornam senhores do seu destino, capitães da sua alma por um ato de consciência.

Deve haver uma atividade da Verdade em sua consciência. E essa atividade tem de ser desenvolvida independentemente da forma de tratamento que vocês adotem. Tem de ser construída com base no princípio segundo o qual existe um Poder Único; apenas Deus e a atividade de Deus são poder, e qualquer mal é impessoal, não passando de atividade da mente carnal ou de nulidade. Todo tratamento tem de ser construído em torno desses princípios. Não importa qual seja a natureza da queixa humana, é preciso lidar com ela de maneira consciente. Todo tratamento ou constatação deverá incorporar estas duas coisas: (1) o reconhecimento do Poder Único — não a proteção contra o poder do mal, mas o conhecimento de que Deus é infinito e só Ele é Poder; e (2) a convicção de que toda aparência é mera influência hipnótica, uma tentação do Demônio que tem de ser conscientemente repelida.

Não traremos harmonia à nossa vida a menos que vivamos conscientemente no Reconhecimento do Deus Onipotente, Onisciente e Onipresente, o Poder único e total, para depois despersonalizarmos as fases do mal e constatarmos que ele existe apenas como braço da carne ou como nulidade.

Aprender esse princípio em um ano ou mais é tarefa difícil porque costumamos nos esquecer de viver conscientemente essa constatação com muito mais freqüência do que gostaríamos. Tentem um expediente simples: antes de comer um bocado de comida ou de beber um gole de bebida, reconheçam conscientemente que Deus é a Fonte. No final do dia contem quantas vezes se esqueceram de fazer isso e compreenderão o quanto é difícil. Mas se conseguirem reconhecer conscientemente Deus como a fonte de toda bebida ou alimento, presenciarão efeitos mágicos na sua vida.

Tentem entender que os atos mais comezinhos do seu dia-a-dia — despertar de manhã, adormecer à noite — não podem ser realizados sem a atividade de Deus, do Espírito Invisível. Vejam o que acontece quando começam a reconhecê-Lo em tudo.

Percebam o que acontece quando se lembram conscientemente, ao entrar no carro, de que Deus dirige não apenas aquele carro, — mas todos, pois há um só Ser, um só Eu. O reconhecimento consciente disso livra-os da crença em estatísticas.

O trabalho é árduo durante um ano ou mais, mas por fim algo de belo acontece. Vocês já não precisarão pensar conscientemente, tudo passa a acontecer com pouco ou nenhum esforço. A constatação vem por si mesma e flui a partir do nosso íntimo.

CAPÍTULO 9

O Princípio do Tratamento

Para receber um tratamento ou tratar de alguém é necessário conhecer e aplicar conscientemente os princípios da Verdade. Para tanto, devemos primeiro dominar a mente e o corpo.

O domínio da mente e do corpo

Nós nos identificamos como "eu". Há um "eu", Joel; há um "eu", Maria; e um "eu", João — sempre um "eu", qualquer que seja o nome. Mas esse "Eu" não é o nosso corpo nem a nossa mente. O nosso corpo e a nossa mente não são o "eu" do nosso ser: são apenas os instrumentos por meio dos quais desempenhamos as funções que nos cabem na Terra.

A mente é o instrumento por meio do qual o "eu" do nosso ser pensa, raciocina, conhece, decide e julga. É usada para todos os propósitos de percepção. O corpo, por seu turno, é o instrumento físico que recebe ordens do "eu" por intermédio da mente.

Por exemplo, quando desejo levantar a mão, "eu", Joel, por intermédio da minha mente, dou essa ordem à mão e ela obedece. "eu" governo a minha mente e a minha mente instrui o meu corpo. Por isso, "eu" domino tanto o meu corpo quanto a minha mente. Suponhamos, porém, que eu não exerça esse domínio que me foi dado por Deus desde o começo. Se "eu" não exercesse controle sobre a minha mente, permitindo que ela fizesse os seus próprios julgamentos, ou se deixasse o meu corpo comportar-se a seu gosto, meter-me-ia em toda espécie de confusão, como fazem todos aqueles que não aprenderam a aceitar e a exercer o domínio.

A mente e o corpo, bem como o domínio sobre eles, nos foram dados, e precisamos aprender a exercer esse domínio. Quando vocês meditam, as suas mentes não querem se aquietar e se submeter — não por terem vontade própria, mas por estarem habituadas a fazer o que bem entendem quando não submetidas a controle. A mente é como alguns cavalos que tenho montado, avessos ao mínimo controle da minha parte! Levam-me aonde querem porque não sei dominá-los.

Assim também a mente se rebela quando não sabemos dominá-la. Sob certos aspectos, o corpo obedece mais do que a mente. Pelo menos as mãos não roubam, salvo se receberem essa ordem, e podem dividir e ofertar caso sejam instruídas nesse sentido. Entretanto, em matéria de saúde, o corpo se revela tão ingovernável quanto a mente. Ele tenta determinar por nós se estamos saudáveis ou doentes. Mas temos tanto domínio sobre a saúde quanto sobre a mente e sobre a conduta. Se às vezes parece que não temos esse domínio, é porque não o assumimos.

A meditação como forma de assumir o domínio

Uma vez que o Caminho Infinito nos ensina a embainhar a espada, não recorremos à força para assumir o controle da mente ou do corpo. Ao contrário, apelamos para a disciplina amável e gentil com que um pai sábio e maduro educa seu filho. É a disciplina do amor, da delicadeza, da paz, da paciência. Com gentileza e serenidade, assim dirigimos a nossa mente ("eu" dirijo a minha mente):

> Estejam em paz e tranqüilos. Nada temam! Deus é poderoso entre vocês. Não tenham receio dos exércitos do mundo porque Deus é poderoso entre vocês. Eu lhes dou a paz de Deus. A Graça de Deus eu lhes dou. Paz! Meditem na quietude e em confiança. Na serenidade e na alegria receberão a Graça a Deus. A paz esteja com vocês! Paz! A "minha paz" eu lhes dou.
>
> Não precisam de lutas. Não precisam pensar no que comer, no que beber, no que vestir. A Graça de Deus os vestirá. A Graça de Deus os alimentará. Estejam tranqüilos!
>
> Estejam tranqüilos e recebam a comunhão de Deus. Estejam tranqüilos e ouçam a vozinha suave!
>
> Não precisam pensar. Estejam em paz! Tranqüilos! Nada deve penetrar a mente para conspurcá-la ou engendrar mentiras. Nenhuma arma forjada contra vocês vencerá, pois onde está o Espírito do Senhor há liberdade, harmonia, paz, quietude, calma, segurança, confiança. Na Presença de Deus há plenitude de alegria, plenitude de vida, abundância de bem.
>
> Onde estou, Deus está. Não preciso temer o que os mortais intentam contra mim. Eles dispõem apenas do braço da carne. Eu tenho o Senhor, Deus Todo-Poderoso.

Por meio desse tipo de meditação assumimos o controle da mente e do corpo, compreendendo que a nossa identidade (o nosso "eu") é independente deles e tem sobre eles autoridade. Ao mesmo tempo, reconhecemos que tudo isso acontece não em virtude de algumas qualidades pessoais, mas devido à Presença e à Graça de Deus.

Vocês descobrirão o valor disso quando defrontarem com um problema — próprio ou de alguém que veio em busca de ajuda —, pois então estarão às voltas com a questão do tratamento.

O tratamento como uma forma de prece

A prece é uma atividade espiritual, a nossa comunhão com Deus. Em sua forma mais elevada, é uma concessão de Deus para nós. Tanto a comunhão com Deus quanto a concessão de Deus constituem uma prece, mas sem palavras ou pensamentos. Por muitos anos, os metafísicos ensinaram que tratamento e prece eram sinônimos. Entretanto, isso pode ser verdadeiro apenas na medida em que o tratamento é uma forma de prece. Considero-o uma forma muito inferior de prece, pois ele, na verdade, não passa de uma preparação para a prece. Como assim?

A obtenção da harmonia espiritual nunca depende de palavras ou de pensamentos. Pensamentos e palavras apenas os ajudam a atingir aquela atmosfera de oração onde eles não mais são necessários. Nessa atmosfera, entramos em comunhão íntima com Deus e a Graça de Deus nos alcança.

Nós, ocidentais, mal conseguimos orar sem recorrer a palavras ou pensamentos. Todavia, podemos chegar a isso graças àquilo que os metafísicos chamam de *tratamento*, e os religiosos ortodoxos, de *prece*. Ambos usam palavras e pensamentos, e suas preces são freqüentemente pedidos. Por exemplo: "Deus, fazei chover para salvar as nossas colheitas!" ou "Deus, salvai o meu filho!". Nada há de errado com esse tipo de prece, como nada há de errado com as nossas formas de tratamento. Aqui, o problema não é o certo ou o errado, mas o grau de consciência; enquanto permanecemos num grau humano de consciência, palavras e pensamentos são necessários no início dos trabalhos de oração. O mundo metafísico dá a isso o nome de *tratamento*. Nos círculos místicos, a palavra usada com mais freqüência é *percepção*.

Os estudiosos do Caminho Infinito não devem se esquecer de que alcançarão a verdadeira atmosfera de prece e a consciência de Deus unicamente por meio de uma ampla compreensão e prática dos princípios do tratamento. Tratamento significa conhecimento consciente da Verdade e aplicação dos princípios à mente, antes de estabelecer o domínio sobre a mente e sobre o corpo.

Tratamento para melhorar o suprimento

Mesmo nos períodos de prosperidade, são comuns os problemas com o suprimento. Vamos, pois, analisar essa questão. (Se vocês tiverem algum conhecimento metafísico que não provenha do Caminho Infinito, será preciso que esqueçam aquilo que aprenderam, pois, em questões de tratamento, o Caminho Infinito não concorda com nenhum outro movimento metafísico. Se estiverem obtendo resultados satisfatórios com algum outro trabalho, ótimo. Mas não tentem combiná-lo com o nosso porque não terão êxito e até poderão piorar.)

Para começar, em circunstância nenhuma devemos levar o paciente para o tratamento. Nunca o imiscuímos nos nossos pensamentos. Na realidade, se o paciente não nos fornece o seu nome, nem sequer lho perguntamos: não estamos interessados em nomes ou identidades de pacientes. O nosso trabalho nada tem a ver com eles, embora ao fim se beneficiam dele. "Mas como?", perguntarão os leitores, "eles se beneficiarão em lugar de outra pessoa?" Não, *eles* vieram para a nossa consciência e fizeram-se parte dela ao pedir-nos ajuda.

Filha, a tua fé te salvou.[1]

Credes que eu possa fazer isso?...
Seja-vos feito segundo a vossa fé.[2]

---

1. Marcos, 5:34.
2. Mateus, 9:28-29.

Àqueles a quem vocês se submeterem, deverão obedecer — e deles receberão. Assim, se um paciente nos diz: "Ajude-me!", foi estabelecido o contato necessário conosco, ainda que ignoremos o nome desse paciente, sua identidade ou sua aparência.

Lembrem-se de que a pessoa não deve fazer parte do tratamento porque semelhante ato comprometeria a sua eficácia. Em nenhuma circunstância devem incluí-la nos seus pensamentos, nem citar o "pedido" dela nas suas meditações. Não se pode trazer a carência ou a limitação para dentro da consciência, já que de forma alguma se consegue trabalhar no nível do problema.

Quando se trata de um problema de suprimento, só há uma coisa a fazer: afastar-se da pessoa e do problema para, imediatamente, começar a conhecer a Verdade em consciência — mas não a Verdade sobre o problema, pois essa verdade não existe. A primeira coisa que deve atingir a nossa consciência é a Verdade acerca do suprimento (não necessariamente nestas palavras, mas em passagens similares da Escritura ou da linguagem mística):

> A terra e tudo o que nela existe pertencem ao Senhor. Deus constitui a plenitude de todos os seres. Deus é o único suprimento. Ele não pertence a ninguém. A terra a ninguém pertence. Não há quem possa obter suprimento. A terra é o escabelo de Deus, com tudo o que nela existe. Deus constitui o universo. A Presença de Deus preenche o universo. Deus é a única Vida e a única Lei deste universo.

À medida que se apegarem à Verdade sobre o suprimento, dessa maneira consciente, lembrar-se-ão de mais e mais passagens que sustentam o fato de que somente Deus é o suprimento. "*Eu* sou o pão, a carne, o vinho, a água." Já que Deus é onipresente (preenche todo o espaço) e é o suprimento, onde haverá carência? A ausência de suprimento ocorre com aqueles que não habitam o Verbo e não permitem que o Verbo os habite. A ausência de suprimento ocorre com aqueles que não habitam o lugar sagrado do Altíssimo e estão se isolando da única fonte de suprimento que existe: o Verbo de Deus, o pão, a carne, o vinho, a água, a percepção da Presença Divina.

Como se vê, o tratamento consiste em ter consciência da Verdade sobre o que é suprimento, a plenitude de Deus e Sua Onipresença. Trazemos para a consciência declarações de Verdade, passagens da Escritura. O tratamento se situa no nível da Verdade espiritual, não no nível do problema de carência ou de limitação.

Mantendo o paciente e o problema fora da consciência e fundamentando o tratamento na Verdade, ao fim prescindiremos de pensamentos, de palavras ou de passagens da Escritura. Então já nos teremos alçado a uma atmosfera de prece onde palavras e pensamentos não mais são necessários.

No Caminho Infinito somos únicos, pois não consideramos essa etapa inicial um fim em si mesmo. Ela é apenas um degrau para a segunda parte do nosso tratamento; é apenas a preparação para o segundo estágio, no qual podemos dizer: "É a sua vez, Pai. Fale, Senhor, que o servo ouvirá." Essa segunda fase constitui um período de expectativa e de atenção, de espera pela paz interior, aquele "clique", aquele algo pelo qual constatamos que Deus está presente. Não se trata de uma assertiva mental, mas de uma constatação espiritual. Quando experimentamos isso interiormente, o nosso trabalho está completo e podemos nos ocupar de outra coisa.

O problema do seu paciente talvez seja pertinaz, especialmente se esse paciente acredita que pode obter a Graça Divina vivendo uma vida mundana. Muitas pessoas, no movimento metafísico, crêem realmente que tudo o que precisam fazer é ouvir uma palestra sobre a Verdade ou encontrar o profissional certo, capaz de dizer ou fazer a coisa certa — quando, então, as bênçãos de Deus choverão sobre elas.

Não poucos foram alvo de inúmeras demonstrações e curas, mas depois descobriram que os tratamentos já não funcionavam. Haviam se beneficiado do estado de consciência do agente de cura; no entanto, como não se entregaram eles próprios a Deus, perceberam que os tratamentos já não tinham eficácia. Em outras palavras, o profissional, graças a uma vida dedicada, pode livrar o paciente de muitos aborrecimentos e tributações, pecados e doenças, carências ou limitações. Os céus ajudam o paciente que continua pelo mesmo velho caminho humano, durante muito tempo, pois ele acabará constatando que os tratamentos deixaram de funcionar! O Mestre nos legou esse princípio ao dizer: "Nem eu te condeno; mas *vai e não peques mais*."

O paciente pode necessitar de diversas demonstrações ou de curas maravilhosas antes de obter uma transformação da consciência. No fim, entretanto, tem de entregar o eu a Deus, banir o senso mortal e assim abrir espaço para a percepção espiritual. Tem de sofrer algum tipo de regeneração espiritual, do contrário amargará a ineficácia dos tratamentos.

Paulo ensinou que os seres humanos não podem receber a Graça Divina porque não estão sob a lei de Deus, nem podem estar. Somente se permitirmos que o Espírito de Deus habite em nós, tornar-nos-emos filhos de Deus. "Quando o Espírito de Deus habitar em vós, sereis filhos de Deus." Jesus nos transmitiu isso de outra maneira: "Orai por vossos inimigos a fim de serdes filhos de Deus." Assim, não oremos por nossos amigos e parentes, mas *por nossos inimigos*.

O Espírito de Deus não habita uma pessoa que guarda dentro de si a inveja, o ciúme, a malícia, o ódio, a vingança, etc. Quando atingimos um estado de consciência em que podemos honesta e sinceramente rezar para que os nossos inimigos sejam perdoados, libertos do castigo de seus pecados, isentos dessas exigências mortais; quando oramos para que o Espírito de Deus penetre em suas almas, mentes e ser, então já não somos mortais. Quando estamos num estado de consciência em que ardemos por vingança; quando ainda pensamos que os pecadores devem ser enforcados, banidos ou encarcerados por toda a vida; quando julgamos que assim as coisas devem ser, estamos no estado de consciência dos antigos hebreus, que defendiam o "olho por olho, dente por dente". Todavia, quando operamos a transição para o Cristianismo, nos tornamos capazes de perdoar setenta vezes sete, de não resistir ao mal e de não sacar da espada. Nesse estado de consciência, renunciamos à vontade, às opiniões e às convicções; aceitamos a Graça de Deus, o Espírito de Cristo. E assim o Espírito de Deus residirá em nós.

Se vocês, honestamente, sentirem que se livraram de qualquer emoção humana negativa que vinham cultivando, saberão não apenas que se encontram agora numa atmosfera receptiva e sensível à cura espiritual, mas que também estão se aproximando da consciência capaz de operar curas.

Títulos, diplomas e autorizações não fazem um agente de cura. Muita gente sem preparo faz trabalho de cura. "Pelos frutos os conhecereis." O agente de cura é aquele que se despojou da sua humanidade, que está livre dos antagonismos, da inveja, do ciúme, do ódio, da malícia e de outras emoções negativas — e que alcançou o estado de consciência em que perdoa setenta vezes sete, sendo capaz de orar pelos inimigos, de embainhar a espada e de não resistir ao mal.

Quando nos entregamos para que Cristo preencha a nossa consciência, então estamos preparados para ser curados espiritualmente e para curar os outros.

Descobri que em todos os movimentos metafísicos há profissionais que alcançaram suficiente consciência de Cristo para curar. Não faz diferença se pertencem ao Caminho Infinito, à igreja de Cristo Cientista, à Unity ou ao Novo Pensamento. O que determina a sua capacidade de curar é o grau de consciência espiritual que atingiram.

Tratamento dos males físicos

O próximo pedido de ajuda talvez seja para solucionar um problema físico. Talvez o paciente se queixe de que seus órgãos, músculos, ossos ou vasos sangüíneos não estão funcionando bem. Antes de iniciar o tratamento, lembrem-se de que devem varrer da consciência não somente o enfermo, mas a própria queixa também. Uma vez que não são médicos, pouco lhes importará que se trate do coração, do fígado ou dos pulmões.

O tratamento que aplicarem se baseará unicamente no conhecimento da Verdade — e não há nenhuma verdade relativa ao paciente ou à sua queixa. O paciente sente dor no peito e aí está uma doença do coração; descobre um caroço e aí está um câncer. Ele então perpetua a moléstia, alimentando-a em seus pensamentos. Assim, para vocês, é um contra-senso pensar na queixa enquanto proporcionam tratamento a alguém.

Esqueçam a identidade do paciente; esqueçam a queixa tão logo a ouçam. Em meu escritório, não há registro de quem veio ou telefonou. Só aparece um nome em minha agenda quando tenho um encontro. Não há outros, nenhum registro de tratamento, nenhuma conta a enviar, nenhuma lista de queixas ou de anamneses.

Após banir da consciência a identidade e a queixa do paciente, procedam da mesma forma que no tratamento para o problema de suprimento. Na primeira etapa, tragam para a consciência declarações da Verdade, passagens da Escritura, referências metafísicas ou místicas à Verdade. Assim, começarão a conhecer conscientemente a Verdade — não a respeito da queixa, porque não existe essa verdade, mas aquela segundo a qual, em todo o Reino de Deus, não há traços de doença. Mais uma vez, as declarações de Verdade que chegam à sua consciência não são necessariamente as que seguem. Ofereço-as apenas à guisa de exemplo.

> O ministério de cura de Cristo era: "Que te detém? Levanta do teu leito e anda. Lázaro, vem para fora! Não estás morto, apenas dormes!"
>
> Em todo o Reino de Deus não há traços de doença. Deus não criou a doença; criou unicamente o que é bom. Ele é o único Criador. Assim, os entes humanos não podem sequer criar a doença: eles apenas *acreditam* no poder da doença.
>
> Se de fato houvesse doenças capazes de levar à morte, não haveria imortalidade, eternidade.
>
> O Reino de Deus é imortalidade, eternidade, vida, amor. O Reino de Deus é um Reino de Graça, não de lei. Por isso, não há leis da matéria, da mente, da temperatura, do clima, do alimento, da limitação.
>
> O Reino de Deus é um estado de Graça.

Como no tratamento do problema do suprimento, à medida que refletirem conscientemente em assertivas a respeito da Verdade, outras passagens da Escritura penetração em sua consciência até que se libertem de pensamentos ou de palavras. Então terão se alçado à atmosfera de prece, onde essas coisas já não são necessárias. Podem, então, se sentar e dizer: "Pai, é a sua vez. Fale, Senhor, e o servo ouvirá." A seguir vocês entram na segunda etapa, em que esperam a constatação espiritual de que Deus está presente. Depois dessa constatação, a tarefa se completa.

Nenhuma vez a sua mente terá albergado o paciente ou a queixa. Vocês ficaram com Deus e conversaram no Céu.

Lembrem-se do hino “Ouvirei Tua Voz”. Não é um simples hino, é um estado de ser espiritual. Em poucos momentos de paz e de quietude, algo virá até vocês lá de dentro — um sentimento, uma palavra, uma mensagem, uma luz. E então saberão que Deus está presente.

CAPÍTULO 10

O Poder Temporal não é Poder

Para a consciência transcendental, o poder temporal (seja ele de natureza física ou mental) não é de forma alguma poder. O único poder é a consciência do Poder Único e o reconhecimento do não-poder de tudo o mais.

Quando o povo de Ezequias veio até ele e disse: "Os exércitos inimigos avançam contra nós e são muito mais numerosos do que os nossos", ele replicou: "Não temais! Eles têm apenas o poder temporal, o braço da carne. Nós, porém, temos o Senhor Deus."

O Mestre disse a Pilatos, o grande poder temporal da época: "Não tens poder sobre mim, exceto se te for dado pelo Pai."

Assumam a tarefa de compreender o que essas duas passagens significam. Vocês poderiam agora mesmo voltar-se para um país hostil e, com o coração aberto e honesto, declarar: "Não tens poder sobre mim" ou "Tens apenas o poder temporal, o braço da carne"? Poderiam dizer isso e sentir-se realmente em completa segurança? Claro que não: só poderiam fazê-lo quando compreendessem que o poder temporal não é poder algum. Na medida em que ganharem confiança e certeza na Onipresença, saberão que o poder temporal não é poder.

Alguns de vocês, que se dedicam ao trabalho de cura, alcançaram até certo ponto essa consciência transcendental. Nenhum de nós consegue atingir essa consciência plenamente, mas quem quer que se tenha ocupado de semelhante trabalho foi capaz de dizer à infecção, ao contágio ou à doença: "Vocês não têm poder" — e viram-nos dissipar-se. Todos aqueles que já se fizeram de instrumento de cura provaram que, na Presença de Deus, o poder temporal não é poder. Não há poder e sim a constatação da Presença de Deus, e isso já demonstramos com a soldagem de ossos fraturados, com a cura de cegueira e de surdez. Repetidas vezes provamos que o poder temporal não é poder.

No mundo humano existem inúmeros poderes temporais: da doença, do pecado, do dinheiro, da política, da guerra, etc. Se orarmos da forma desarrazoada dos velhos tempos: "Deus, destruí os meus inimigos ou as bombas atômicas", estaremos desperdiçando um tempo precioso porque Deus nunca fez essas coisas nem as fará. Ele nada faz contra um poder maligno: não é um poder *acima* de outro poder. Deus é simplesmente o Único Poder, o Poder Total.

As preces falhavam no passado porque tentavam superar um poder temporal, que não é poder. Seria como superar uma miragem no deserto. Como exercer poder sobre algo que não existe? Antigamente, a prece era usada para exercer poder espiritual sobre outros poderes — mas não existem outros poderes.

Não peçamos a Deus para destruir os nossos inimigos, nem mesmo os inimigos a que chamamos pecado e doença. Não imaginemos Deus como um grande poder que sairá a campo para dar combate ao pecado, à doença, à carência, à limitação e à morte. Ao contrário, vejamo-Lo como Espírito, Vida e Amor — sempre onde estamos, preenchendo todo o espaço. Depois, busquemos uma compreensão maior daquilo que o Reino de Deus é, daquilo que o suprimento de Deus é, daquilo que a companhia de Deus é, daquilo que o lar de Deus é.

Quando estivermos residindo com Deus, observemos como as coisas à nossa volta vão ocupando os seus devidos lugares sem que precisemos pensar nelas. Se compreendermos que o que parece poder maligno não é poder algum, a harmonia desabrochará em nossa experiência.

Entendam que o *Meu Reino*, o Reino de Cristo, não é deste mundo, mas que o *Meu Reino* é o Poder Único de qualquer mundo. Assim, se se defrontam com uma aparência de mal (seja na forma de pecado, de doença, de guerra, de discórdia, de comunismo, de capitalismo ou de qualquer outro *-ismo* que abominarem), perguntem a si mesmo: "Será isso poder espiritual? Será isso um Poder de Deus?" Ora, claro que não! Deus é puro demais para abrigar a iniqüidade; não pode haver um poder mau em Deus. Ele enviou o Mestre para mostrar a vacuidade do pecado, da doença, da carência e da morte.

Nenhum pecado, doença, carência, guerra ou mal jamais poderia emanar de Deus. Por isso, essa aparência de mal com que vocês costumam defrontar-se não passa de poder temporal. Uma vez que reconheçam tratar-se unicamente de poder temporal, reconhecerão também que isso significa ausência de poder, pois aquilo que não é de Deus não é poder. O mal com que se defrontam surge apenas como efeito e é temporal. O poder espiritual é invisível; Deus, o Poder Total, é invisível. Assim, qualquer perigo demasiado visível não pode ser poder. Não pode provir de Deus.

O poder do mal não é real

Quando vocês começarem a reconhecer a natureza do mal, começarão também a compreender que a prece não se destina a vencer o mal, e logo mudarão toda a experiência das suas vidas.

O mal não é ordenado por Deus. Não há lei divina para sustentá-lo. Ele não tem existência divina ou propósito divino. Por isso mesmo, é temporal, o braço da carne — ou nada. No momento em que perceberem isso, passarão a não resistir ao mal. Lembrem-se de que, enquanto pedirem que o Poder de Deus vença o mal, estarão resistindo ao mal e tentando utilizar esse poder para ajudá-los em semelhante tarefa.

Em vez de tentar resistir ao mal ou vencê-lo, relaxem e digam: "Está bem, Pai, fique aí no Seu céu. Não preciso do Senhor agora porque o que tenho à minha frente é apenas uma miragem, não um poder. Se um poder de verdade se manifestar e as coisas começarem a piorar, chamá-Lo-ei. O que aqui está agora, porém, não é poder."

Não precisamos temer o que os mortais podem pensar de nós ou fazer contra nós. Não precisamos temer o poder mortal, temporal ou material. Não precisamos temer a infecção, o contágio, a doença e a velhice porque nada na esfera dos efeitos é poder. Todo poder é invisível e aquilo que aparece como poder não passa de imagem mental, um conceito errôneo de poder. Se conhecermos essa Verdade, essa Verdade nos libertará. Mas enquanto a conhecemos, lembremo-nos de que parte da nossa vida tem de testemunhar essa experiência. Em outras palavras, não poderemos negar o poder do efeito ao odiar ou temer algum semelhante, pois ele faz parte desse efeito. Será necessário conformar pensamentos e ações ao nosso tratamento.

Não desanimem se não conseguirem fazer isso o tempo todo. Às vezes vocês fracassarão porque é impossível, da noite para o dia, mudar da materialidade para a consciência espiritual. A mudança talvez não sobrevenha em um, dois ou três anos de estudo e de meditação. Sintam-se gratos por, a partir do momento em que começarem a praticar esse princípio, estarem atingindo em alguma medida a mente de Jesus Cristo e, no mesmo grau, por demonstrarem exteriormente os frutos dessa realização. Sejam muito, muito pacientes consigo mesmos.

Quando começa o outono e o inverno, as pessoas começam a falar mais em resfriados, gripes, infecções, contágios, epidemias, e por aí afora. Talvez vocês já tenham atingido o grau de consciência em que essas coisas não mais podem surpreendê-los. Entretanto, para o bem da sua comunidade e do mundo, terão de lembrar-se todo dia de que isso é apenas poder temporal — e não poder. Não é de Deus, portanto não têm existência, exceto como conceito mental erroneamente dotado de poder.

Há uma só mente, que é a mente de Deus e não pode ser a carnal. E a mente que é de Deus é a mente que estava em Jesus Cristo. Por essa razão, a mente carnal e suas atividades não constituem nenhum poder, são apenas o braço da carne, de que não devemos ter medo. Quando experimentamos esse sentimento interior de liberação do medo, liberamos o poder de Deus no mundo.

A atividade da mente carnal aparece sob diversas formas. Num dia pode aparecer como delinqüência juvenil, no outro como uso de drogas ou abuso de crianças, etc. Aparecerá sob uma forma ou outra, mas não creiam, por um momento sequer, que ela será aniquilada até que existam pessoas que não a combatam, mas apenas se quedem a considerar que não passa da mente carnal. Ela tem aparecido em todas as épocas e gerações, e suas formas continuarão a aparecer até que grupos como os nossos comecem a demoli-las — não enfrentando males ou grupos específicos, mas compreendendo que são apenas formas da mente carnal, ou seja, do não-poder; apenas poder temporal, o braço da carne, o nada. Se cultivarmos esse sentimento interior de liberação do medo e da preocupação, de novo liberaremos o poder e a Presença de Deus no universo.

Meu reino

Tenham com vocês, sempre, as palavras *Meu Reino*, que significam o Reino de Cristo. Com essas palavras em mente, reconheçam que o universo temporal não é para ser odiado ou amado. Ele é pura ilusão; e onde parece existir, o *Meu Reino*, o Reino de Deus, na verdade existe. *Meu Reino* é a realidade. O que os nossos olhos vêem e os nossos ouvidos escutam não passa da superposição de uma contrafação que é um conceito temporal, um conceito de poderes temporais. *Meu Reino* é intacto; é o Reino de Deus; é o Reino dos filhos de Deus; *Meu Reino* está aqui e agora. Tudo o que existe como universo temporal carece de poder. Não se faz necessário temê-lo, odiá-lo ou condená-lo. Basta compreendê-lo.

Vocês testemunharão, de várias maneiras, que este mundo e as suas formas de doença, de pecado, de falsos apetites, de carência e de limitação começarão a desaparecer. Em seu lugar, surgirão condições e relações harmoniosas, o que comprovará o seu elevado estado de consciência.

O estado de consciência é o eixo de tudo, pois o mundo é a exteriorização do estado de consciência. O que se semeia se colhe. Se semearmos para a carne, colheremos corrupção, pecado, doença, morte, carência, limitação. Se semearmos para o espírito, colheremos vida duradoura. Pela palavra *semear* entendemos "estar conscientes de". Se estivermos conscientes de que *Meu Reino*, o reino espiritual, é o reino verdadeiro; de que aquilo que os cinco sentidos apreendem carece de poder, é temporal, o braço da carne, então estaremos semeando para o espírito e haveremos de colher harmonia no corpo, na mente, no bolso, nos relacionamentos humanos. Entretanto, se continuarmos a temer "o homem cujo fôlego está no seu nariz", se continuarmos a temer a organização política deste mundo, se continuarmos a temer a infecção, o contágio e as epidemias, estaremos semeando para a carne. Se percebermos que todo poder se encontra no invisível, estaremos semeando para o espírito e haveremos de colher harmonia divina.

Quando vocês refletirem sobre prece, tratamento ou meditação, recorram imediatamente aos seguintes termos: *"Meu Reino*, o Reino de Cristo, é poder. O reino temporal — tudo o que vemos, ouvimos, degustamos, tocamos ou cheiramos — não é poder; não vem de Deus." Ao fim, sentirão a paz interior que lhes assegurará que oraram corretamente. Exercitem-se na constatação de que o mundo temporal é apenas poder temporal e de que o poder temporal não é poder: é o braço da carne. "Isso é apenas o braço da carne; nós temos o Senhor Deus Todo-Poderoso" quer dizer realmente que "isso" não é poder. O único poder é o Invisível, o que *eu* de fato sou, e *eu* sou invisível.

O mesmo se dá com o seu corpo. Ele é visível — portanto, não tem poder. Não pode sentir-se saudável ou doente. O Poder está em nós — quer semeemos para a carne ou para o espírito — porque, quando a Escritura afirma: "Eu criei o bem e o mal", esse "eu" é humano, referindo-se a vocês ou a mim. Criamos condições errôneas em nossa experiência quando, em vez de aceitar Deus como Onipotência, Onipresença e Onisciência, atribuímos poder ao universo temporal.

Criamos o nosso próprio mundo semeando ou não da forma correta. "O que semearem, colherão" significa apenas uma coisa: estarão vocês se conscientizando de que Deus é a realidade, o único Poder, a única Lei? Ou continuarão a viver neste mundo finito, aceitando a sua crença em dois poderes, duas presenças, duas leis, duas causas? Modificamos o nosso mundo quando, conscientemente, decidimos viver na constatação consciente de Deus como o único Poder, a única Lei, a única Causa. Modificamos todo o nosso mundo quando olhamos para fora e apreendemos o mundo finito, dizendo-lhe: "Já que és apenas um efeito, o poder não está em ti. O poder não está em minha mão. O poder está no *eu* que sou. *Eu* o dirijo, bem como ao resto do meu corpo. Se compreendo isso, então o corpo não pode replicar-me. *Eu* falo com ele e asseguro-lhe que sou a sua vida, a sua inteligência, a sua substância, a sua lei — significando o *eu* que sou." O corpo, então, tem de obedecer. Mas se achamos que o corpo tem poder, damos poder ao universo temporal, damos poder ao braço da carne.

Se praticarem esse princípio, descobrirão que a sua atenção se concentra mais e mais em *Meu Reino* e em *Tua Graça*, deixando de lado a forma e o efeito. Começarão então a pensar em termos de Graça espiritual, de harmonia espiritual, de relações espirituais — não relações humanas melhores, não saúde humana melhor, não um punhado a mais de dinheiro. Essas coisas não constituem harmonia espiritual ou crescimento espiritual, embora sejam efeito deles. Vocês notarão que já não pensam em termos de um corpo mais saudável nem buscam algum bem material. Estarão ausentes do corpo e presentes no Senhor; e, ao fazer isso, verão como podem parecer harmoniosos o corpo, a forma e o efeito.

Deus não é um poder a ser usado

O poder de Deus não é para ser evocado pelos humanos e não é alcançado pela tentativa de influenciar Deus em causa própria. Não se trata de um poder contra o pecado, contra a doença ou contra a morte, tanto quanto a luz não é um poder contra as trevas. A verdade é que não há trevas: elas são apenas a ausência de luz. Não constituem uma presença, nem uma entidade, nem uma substância que se possa examinar ao microscópio. Não é possível captar um pedaço da escuridão e examiná-lo porque não existe essa coisa chamada escuridão. A escuridão é unicamente a ausência da luz.

Pecado, doença e morte — como a escuridão — não existem, pois aquilo que Deus não criou não existe: Ele é o único poder criador, é o que mantém e sustenta a criação. No Gênesis, lemos: "Deus contemplou tudo o que fizera e viu que era bom." Não está em Sua natureza contemplar o pecado, a doença e a morte, e considerá-los bons; por isso, não pode tê-los criado.

Há outro ponto: o que Deus criou, criou para sempre, e não permitiria que alguém aniquilasse qualquer coisa que haja criado. Se houvesse criado o pecado, a doença e a morte, não teríamos nenhuma esperança de vencê-los.

Não precisamos do poder divino para vencer algo que não foi feito no princípio, nunca teve existência e apenas representa a nossa ignorância da Verdade. O nosso poder de cura, então, que é o nosso poder espiritual, repousa unicamente no conhecimento da verdade de que Deus é o Supremo Poder Criador, mantenedor e sustentador, e de que aquilo que Ele não criou não existe. Aí reside o nosso único poder espiritual.

A paz mundial

O mundo só tem uma esperança de paz: reconhecer que o poder temporal não é poder, conforme demonstramos no Caminho Infinito. O mundo foi longe demais na senda do supremo poder material, ao construir armas mortíferas, para que a paz possa ser negociada. Como estudiosos do espiritualismo, não acreditem um momento sequer que algum ser humano ou partido político da Terra tenha a resposta para a paz. O mundo foi longe demais para ser detido por uma solução humana. Existe, porém, uma solução espiritual, que removerá o perigo e as idéias de guerra — quente ou fria — do mundo. Ei-la:

Devemos perceber que o poder temporal não é poder, é apenas o "braço da carne", enquanto nós temos o Senhor, Deus Todo-Poderoso. O Senhor, Deus Todo-Poderoso, é o único poder com que alguém pode contar, o Poder Total. Ninguém tem esclusividade sobre ele. No momento nós, do Caminho Infinito, somos os únicos que compreendemos essa verdade particular e a sua demonstração. Todavia, à medida que a vamos demonstrando em nossa experiência, passamos a dividi-la com o mundo, pois só isso porá um fim aos problemas do mundo: a constatação de que o poder temporal não é poder e de que não devemos resistir a ele, tentar vencê-lo ou combatê-lo, mas quedar-nos serenamente na percepção da sua vacuidade.

Do mesmo modo, se um membro da nossa família ficar doente, deveremos sentar-nos ao lado dele e dizer a nós mesmos: "Não acredito no poder temporal. Não vou fortalecer essa doença (ou pecado, ou falso apetite)." Ao compreender então: "Isso é poder temporal, que não é poder", veremos o parente (ou amigo, ou vizinho) recobrar-se. Então teremos provado, ainda que em parca medida, que o poder temporal, sob qualquer forma, não é poder. Eis a chave para a cura. Eis o princípio da cura. E não há outro.

Como seres humanos, talvez não tenhamos paz mesmo entre nós porque a inveja, o ciúme ou a malícia estão fluindo. Mas teremos paz entre nós caso reconheçamos individualmente que *Meu Reino* é aqui — não o bem humano, não o mal humano, apenas *Meu Reino*, o Reino de Deus. Se algum mal há entre nós, não é poder. Não é uma pessoa, de sorte que não pode se manifestar e terá de morrer da própria nulidade. Se há algum mal, algum pecado, algum ódio, inveja, ciúme ou malícia, o que será? Apenas o temporal, o impessoal: não haverá nunca pessoa em quem ou por meio de quem se há de manifestar. Trata-se do braço da carne, do nada. Nós temos o Senhor Deus Todo-Poderoso, o Amor Divino, a Sabedoria Divina — a única Sabedoria — operando em nosso meio. Não a inteligência humana, não o amor humano, não a gratidão humana — mas a Presença e o Poder de Deus.

Pensem no aposento em que se encontram. Procurem imaginar que qualquer mal, doença ou pobreza aí existentes são temporais, temporários, sem vínculo com Deus, uma nulidade. Vocês têm o Senhor Deus Todo-Poderoso como Vida, Mente, Alma e Ser — e mesmo corpo. O corpo é o templo de Deus, o agente da cura.

O próximo passo será deixar que o pensamento se expanda por toda a comunidade e compreender que, se há ali algum mal, o que será? A mente carnal, o impessoal, sem lei divina com que se sustente e mantenha. Notem como as condições melhoram rapidamente! Entretanto, se não puserem esse princípio em prática, ele não se tornará verdadeiro em sua vida, pois não há nenhum Deus misterioso sentado lá em cima para fazer isso por vocês. *Vocês* devem conhecer a Verdade, e a Verdade os libertará. Devem trazer essa verdade para o âmago da consciência em seus negócios particulares, coletivos, municipais, nacionais e mundiais.

O fardo será mais leve

Não está além das possibilidades humanas viver pela atividade do Cristo, pois viver pela atividade do Cristo é o caminho normal e natural. O caminho humano, constituído pelo que a linguagem religiosa chama de "desobediência humana ou afastamento humano da Graça", é o caminho antinatural. Esse caminho antinatural é a razão pela qual o homem tem de viver do suor de seu rosto e a mulher tem de parir filhos com dor e tribulação.

Sob a atividade do Cristo não existem as dores do parto. Sempre que um praticante da capacidade espiritual está presente, o parto é indolor. Não quero dizer com isso que qualquer pessoa que se intitule praticante possa fazê-lo — ou curar! Contudo, quando um parto é assistido por um praticante que se aproximou do Cristo, torna-se natural e indolor. Esse é apenas um exemplo do que entendo por viver pela atividade do Cristo.

Não se espera que vivamos pela graça do "homem cujo fôlego está em seu nariz". Não se espera que dependamos de esposas, de maridos ou de governos. Não se espera que vivamos preocupados com o que comer, beber ou vestir. Não se espera que vivamos aborrecidos, inquietos, receosos ou hesitantes. O que se espera, isso sim, é que nos preocupemos unicamente com a demonstração da glória de Deus. Cada ato da nossa vida deve demonstrar o fato de que Deus está atuando em nossa vida.

No momento em que assumimos responsabilidade por nós mesmos e começamos a planejar, repelimos a atividade do Cristo. Por outro lado, quando refreamos o pensamento e o passo, abrimos espaço para que o Cristo comece a agir e realizamos no plano humano tudo aquilo que nos foi dado realizar. Em outras palavras, dizemos a nós mesmos: "Tudo bem, hoje enfrentarei hora após hora qualquer problema que apareça." Por exemplo, estou planejando almoçar logo que sair daqui. Pois então, almocemos! No entanto, concentrado na idéia do almoço, o telefone toca e sou obrigado a adiar a refeição. Ora, se eu permitir que o planejamento governe as minhas ações, nada me impedirá de almoçar e não farei aquilo que me foi dado fazer nesse instante particular. Se vocês compreenderem sempre que estão sujeitos ao Poder Único que é o Cristo, algum incidente poderá sobrevir para impedi-los de fazer o que planejavam. Portanto, façam o que lhes é dado fazer no momento e passem à atividade seguinte. Ficamos esperando a cada passo a intercessão do Cristo e então pomos mãos à obra na tarefa do momento.

Se numa bela manhã despertarmos e, ao longo de todo esse dia, as coisas certas forem ditas no instante certo, as ações certas forem executadas no instante certo, as pessoas certas aparecerem no instante certo e as erradas forem afastadas da nossa vida, então poderemos perceber que cada fase dessa experiência constitui o resultado direto da atividade do Cristo. Não estaremos fazendo isso; não estaremos sequer pensando nisso. *Isso*, o Cristo, estará vivendo as nossas vidas antes que o percebamos.

Enquanto a nossa mente humana estiver febrilmente ativa, o Cristo não poderá irromper e revelar-Se. Somos uma nação de apressadinhos. Ignoramos que o melhor caminho para realizar qualquer coisa é contar com longos e freqüentes períodos de quietude, sem nada para fazer ou para obter. Quando recebemos a inspiração, torna-se possível fazer mais em uma hora do que humanamente faríamos em vinte e quatro. A pessoa que procura manter sua mente serena realiza mais em menos tempo do que a pessoa mentalmente inquieta. E aquela que sobe o próximo degrau abrindo-se à atividade do Cristo, para ela não há limites! Não há limites para o que o Cristo pode fazer em vinte e quatro horas por intermédio de um ser humano. Nenhum limite, em absoluto!

Recentemente, uma colega escreveu-me pedindo ajuda. Ela estivera tão ocupada com suas atividades na faculdade que temia não passar nos exames. Mais tarde, contou-me que passara com notas máximas. Não apenas em algumas matérias, mas em todas, e com distinção. Isso não teria sido possível a nenhum ser humano, mas foi possível graças à atividade do Cristo, porque *Ele* não se preocupa com a capacidade de ninguém, mas age por intermédio da *Sua* capacidade. Somos apenas o instrumento.

Lembrem-se de Pedro e João, à porta Formosa do templo, curando o aleijado (Atos, 3:6). Nem Pedro nem João poderiam fazer uma coisa dessas! Houve ali uma atividade que transcendia a sua capacidade humana. Eles próprios reconheceram isso ao dizer: "Varões israelitas, por que vos maravilhais disso? Ou por que olhais tanto para nós como se por nossa própria virtude ou santidade fizéssemos andar este homem?"[1]

Não é a falsa modéstia que faz um praticante dizer: "Não foi por meu poder ou por compreensão" quando uma cura acontece — quer se trate da cura de uma simples dor de cabeça, de um câncer, de uma tuberculose ou de uma paralisia. Ser festejado por uma cura assim é tão ridículo quanto receber a Medalha de Honra quando nem sequer se esteve no campo de batalha! Não nos esqueçamos, porém, de que se o praticante não houvesse atingido aquele grau de humildade, não teria ocorrido a cura! Nunca se esqueçam de que o homem aleijado da porta Formosa do templo por ali ficaria se não houvesse um Pedro ou um João suficientemente desprendidos para permitir que a atividade do Cristo operasse. Também a filha de Jairo, a sogra de Pedro e Lázaro ficariam onde estavam se não surgisse alguém com o necessário grau de consciência da própria nulidade para permitir que o Infinito se manifestasse e operasse por intermédio dele. Eis o segredo desse tipo de trabalho.

Há alguns anos, William Saroyan escreveu que estava convencido de que Deus vive a nossa vida e nós apenas O acompanhamos. Em determinada etapa do nosso desenvolvimento, isso é mesmo verdade. Estamos neste plano unicamente como testemunhas. Testemunhamos cocos crescendo em árvores, rosas desabrochando e a grama reverdescendo depois de cortada, mas nada fizemos para isso. De fato somos instados a regar e a adubar o solo, mas estamos fazendo somente o que nos foi dado fazer. *Ele* realizou aquilo que me foi dado fazer. *Ele* sussurra e tenho então a sensação de que devo regar e adubar o solo. Posso também ter a sensação de que devo ir hoje à cidade para fechar

1. Atos, 3:12.

alguns negócios que esperam por mim há semanas, sem que antes me tenha sentido propenso a fazê-lo. Talvez suceda ainda que algo esteja sobre a minha escrivaninha há dias ou mesmo semanas, sem que eu tomasse qualquer providência a respeito. Um belo dia, *Ele* diz: "Agora!" — e o trabalho se faz num minuto, fazendo-me constatar que tudo confluiu para aquele exato instante em que a tarefa se cumpriu "num piscar de olhos".

Sabemos muito bem quando demonstramos uma atividade do Cristo. Em outras palavras, quando ficamos curados de uma dor de cabeça, de uma faringite ou de coisa semelhante, e temos por certo que a cura não se deu em conseqüência de meios humanos, então percebemos tratar-se da atividade do Cristo. Quando algum problema de relacionamento ou de suprimento é superado de forma tão surpreendente que reconhecemos, sem sombra de dúvida, que nada de humano pôde consegui-lo, também percebemos que a atividade do Cristo foi a responsável por tudo.

Todavia, essas experiências significam apenas viver entre as visitações do Cristo, ou de uma visitação a outra, ao passo que o Cristo é uma Presença espiritual e um Poder que se encarrega de *todas* as funções da nossa vida. *Ele* assume as funções do corpo de modo que não precisemos nos preocupar com andar, falar, lembrar, digerir ou eliminar. Não precisamos auxiliar essas funções de nenhuma maneira porque a atividade do Cristo, o Espírito interior, delas se encarrega. Se eu precisasse dedicar pensamentos à circulação do sangue ou ao funcionamento das vias excretoras e dos músculos, então estaria vivendo unicamente de pão e não das palavras que saem da boca de Deus. No entanto, quando o meu corpo funciona sem que eu lhe dedique qualquer pensamento — sem sequer saber que possuo um sistema circulatório, digestivo ou excretor —, tenho aí uma evidência direta do Cristo em ação.

Minhas palavras são muito imperfeitas, mas o que quero dizer é que, doravante, devem fazer o mínimo e observar o máximo sendo executado pela Atividade. Sejam testemunhas da atividade do Cristo. Sejam observadores! Tentem detectar coisas acontecendo em sua vida das quais possam dizer: "Ah, bem sei que essas coisas são uma atividade do Cristo porque nada tenho a ver com elas. Nem mesmo penso a respeito! Jamais sonhei com algo assim entrando no âmbito da minha experiência! Sim, tudo é atividade de uma Presença invisível e de um Poder que opera em meu favor."

Vocês podem contemplar a Atividade na vida das pessoas que os cercam. Ela é especialmente óbvia no caso das crianças e dos que ainda estão inocentes dos caminhos do mundo. Às vezes nos pegamos fazendo por eles coisas que não havíamos planejado ou que não eram de se esperar de nós. Talvez vocês não se dêem conta, mas, quando isso acontece, estão dando uma resposta ao Cristo que governa a sua vida. O Cristo trabalha por aquelas pessoas e usa vocês em benefício delas. E a atividade do Cristo também se faz em proveito de um cãozinho de estimação. *Ele* se vale de nós para abrigar e alimentar o animal, suprindo as suas necessidades. Os bichinhos de estimação contam com uma influência invisível que os protege, mantém e sustenta — e nós somos usados por essa influência como o somos no caso das crianças. Elas possuem um quê interior que vela para que tenham alimento, roupas, abrigo e diversão sem que pensem minimamente em quanto custam essas coisas ou em como é difícil ganhar o dinheiro necessário para proporcioná-las. Sucede apenas que, quando precisam de algo, recebem-no por intermédio de nós. E nós apenas atendemos às suas necessidades sem sequer perceber que estamos sendo um instrumento do Cristo, que opera nelas e para elas.

Cristo em ação é a Atividade do corpo, do bolso e do nosso relacionamento com o próximo. A Presença caminha adiante de nós para nos preparar o lugar e abrir o caminho; e tudo é feito por nós.

Cristo é o *próprio* Deus em Sua expressão individual na nossa vida, assim como o sol é o sol inteiro, embora centralizado ou individualizado nesta área em especial. A mil quilômetros daqui o mesmo sol está brilhando como um raio individual, mas ainda assim é o sol inteiro. Do mesmo modo, Deus é o Cristo; Deus constitui o Cristo. Deus é a Totalidade Infinita universal expressando-Se individualmente sob a forma da nossa consciência, na medida em que o permitimos, evitando os pensamentos conscientes.

Como é leve o nosso fardo quando a atividade do Cristo opera em nossa vida! Talvez não haja operado até agora, mas hoje temos a promessa de que será mais evidente do que antes, se nós o permitirmos. Entretanto, quando estamos fazendo alguma coisa, devemos ficar alertas e perguntar: "Quem está fazendo isso, eu ou o Cristo?" Se não conseguirmos sentir que é o Cristo, melhor desistir!

Na vida mundana de hoje, poucas pessoas conseguem ficar a sós, serenas ou silenciosas. A vida moderna distrai constantemente a mente humana. Ela se deixa levar por ruídos exteriores de aviões e de trens, ou fica ocupada com filmes, com a televisão, com jogos de salão e mesmo jogando "paciência". Algo tem de estar em curso no mundo exterior para manter a mente ocupada, pois ela não suporta o silêncio, a quietude ou a paz interior. Entretanto, apreender uma mensagem espiritual não é atividade da mente ou do corpo, de sorte que não pode penetrar a nossa consciência a menos que a mente esteja serena, quieta e silenciosa.

Esta manhã, enquanto eu meditava, todas as exterioridades se distanciaram de mim. Foi como se estivesse no vácuo, com a mente esvaziada de todos os pensamentos. Súbito essa mensagem, que agora transmito a vocês, me sobreveio. Porquanto não refleti no que pretendia dizer, *Ele* pôde passar-me a mensagem que devia compartilhar hoje. É preciso que criemos um vácuo para possibilitar a *Ele* não só anunciar-Se, mas também operar como a nossa experiência individual.

A voz de Deus fala durante vinte e quatro horas por dia, como tem falado desde o início dos tempos. Lembra muito uma emissora de rádio que fica vinte e quatro horas no ar. Contudo, precisamos estar conscientes dessa voz e sintonizá-la, o que talvez já tenha acontecido no ano passado ou pelos últimos dez anos! *Ela* estava falando, revelando-Se na consciência humana. Em algum lugar da Terra outros a estavam ouvindo enquanto nos ocupávamos em "tricotar meias para os netinhos". Não nos dediquemos tanto ao "tricô" a ponto de perder a sintonia. Entretanto, convém lembrar que sintonizar não é atividade da mente. A única atividade da mente consiste na meditação e na contemplação, por meio das quais a aquietamos, obtendo aquela serenidade que nos permite ouvir a Voz. Não creiam que a meditação e a contemplação sejam *Aquilo*, pois não são. *Aquilo* é o Cristo, e o Cristo Se anuncia somente quando estamos silenciosos, com a mente serena.

Do nada à totalidade

O propósito de nos afastarmos de pessoas materiais, de ajuda material e de caminhos materiais a fim de nos voltarmos para o espiritual é chegar àquele lugar na consciência onde o Cristo assume as rédeas. No momento em que nos afastamos do humano e nos voltamos para o espiritual, torna-se inevitável que o Espírito se imponha, tão inevitável quanto o crescimento da relva após a semeadura, a irrigação e o adubamento. Todavia, assim como ocorre entre o plantio e a colheita, há um intervalo entre os primeiros passos dados na senda espiritual e a experiência da atividade do Cristo em nossa vida diária. Esse lapso representa o lixo de humanidade que deve ser varrido do templo da nossa consciência porque este ficou conspurcado pela experiência humana. Parece que o próprio Cristo precisa de algum tempo para nos purificar — para deixar esse templo (a nossa consciência) pronto para a concepção e para o nascimento da Criança.

Independentemente de há quanto tempo nos afastamos do humano em favor do espiritual, e do número de passos que demos (alguns certos, outros errados), é inevitável que por fim alcancemos aquele lugar na consciência onde o Cristo assume as rédeas. Primeiro, contudo, deve sobrevir o senso de nulidade, a constatação de que "nada do que eu faça ou pense pode ajudar; nada que eu tente fazer acontece". Senso de nulidade: a nulidade do pensamento humano, do eu humano, do ser humano, da ação humana, da sabedoria humana, do planejamento humano, da economia humana — de tudo o que é humano. Quando o senso de nulidade está completo e percebemos a inteira futilidade do empenho humano, voltando-nos para o Espírito, sobrevém a Totalidade, o silêncio profundo da "Minha Paz". É a paz espiritual. "A Minha Presença nunca vos abandonará ou desertará." Trata-se do *Eu* transcendental na natureza, que não sou eu nem vocês. É a vozinha suave que dá testemunho da Presença, a qual jamais veremos face a face enquanto vivermos como humanos. Mas se vivermos como entes espirituais, *Ela* penetrará na nossa experiência conforme foi prometido.

Quando isso acontecer, não se tornem um excêntrico aos olhos do mundo. Não saiam por aí dizendo que a sua vida está sendo vivida por uma presença e por um Poder invisíveis. Não contem ao mundo que já não se preocupam com a existência, pois o mundo ficará com medo de vocês e fugirá! Entretanto, sempre que houver um pensamento receptivo, sempre que alguém se aproximar de vocês depois de reconhecer o que possuem, estarão livres para compartilhar. De outra forma, sejam normais, falem a língua do mundo, vivam como os demais por fora — mas, por dentro, obedeçam a seus padrões espirituais.

O meu jugo é suave e o meu fardo é leve.[2]

A experiência do Cristo sobrevém apenas depois da morte de uma parte da nossa natureza humana, da eliminação do eu humano (egoísmo), dos desejos, dos anseios e das necessidades humanas. Eliminada a natureza humana, ascendemos para a natureza do Cristo. Entretanto, ninguém sobe tão alto a ponto de lá permanecer até o momento da ascensão, pois a transição não ocorre enquanto sobejar o menor traço de humanidade. Às vezes, a Presença parece estar sentada no alto ou atrás do nosso coração, ou no nosso ombro. Hoje pode ser um lugar, amanhã outro. Não faz diferença. Se vocês perceberem a Presença aqui ou ali, rejubilem-se! Mas não esperem que lá esteja o tempo todo, porque se desapontarão. Não tentem localizá-La ou capturá-La. Se parecer ausente por um longo tempo, talvez fiquem deprimidos, mas nem isso deve preocupá-los. A vida é feita de colinas e vales. Às vezes, rolamos de uma linda colina para um vale; outras, achamo-nos num cume mais alto que o Everest. Eu mesmo já me senti nas alturas para, no dia seguinte, sentir-me mais no fundo do que no inferno. Não se preocupem com isso porque nada tem a ver com vocês. Trata-se apenas dos graus desdobra-

2. Mateus, 11:30.

dos da consciência e da resposta humana a eles. Assim, se se encontrarem num período depressivo, rejubilem-se, porque é a preparação para a experiência das alturas. Não se pode subir sem antes descer. Em outras palavras, não se pode achar a vida antes de perdê-la.

Como saber que nos despojamos completamente do senso de humanidade? Há um método infalível. Importa-nos viver ou morrer? Se nos importa, existe ainda um traço de humanidade. Quando a humanidade se foi, pouco ligamos para estar aqui na Terra ou no além, para viver neste plano ou no próximo. Por quê? Porque quando eliminamos todos os traços de humanidade, não existe mais "eu". Somente o "eu" humano deseja viver ou, às vezes, morrer. Somente o "eu" humano pode ser próspero ou carente. Se não houvesse um "eu", não haveria prosperidade nem carência, nem vida nem morte, nem doença nem saúde. Haveria unicamente o estado de Cristo. Enquanto há traços do "eu", há humanidade.

O fardo da existência humana nunca mais será tão pesado para vocês, que até agora tiveram o senso do "eu". "Como chegarei a isso? Como devo chegar a isso? Por que devo chegar a isso?" Doravante, recordarão: "*Eu* estou com vocês para enfrentar o problema. Jamais os abandonarei ou desertarei." Hoje, algo aconteceu: a percepção do Cristo. *Ele* fará o que for preciso, saberá o que for preciso, agirá como for preciso, sustentará o que for preciso: em outras palavras, haverá um senso maior da Presença e do Poder invisível que realizarão aquilo que nos foi dado realizar, razão pela qual o fardo parecerá mais leve. O fardo só parece pesado quando nós mesmos temos de carregá-lo, mas bem mais leve quando sabemos que outros ombros arcarão com ele. Jesus disse: "Vinde a mim, todos os que estais cansados e oprimidos, e eu vos aliviarei... Encontrareis descanso para as vossas almas... Porque o meu jugo é suave e o meu fardo é leve."[3]

Sim, poderão pousar o seu fardo nos *Meus* ombros. Nos ombros do Cristo, ele não pesará um grama sequer! Quando *Ele* Se evidenciar em nossa vida, haverá menos um "eu" (nós) suportando o fardo de resolver problemas do que um "*Eu, Minha Presença*" (o Cristo) fazendo isso por nós. O que estudamos, lemos e pedimos deve agora transformar-se em experiência!

3. Mateus, 11:28-30.

A PALAVRA VIVA DE SÃO JOÃO

White Eagle

O Evangelho de São João, do qual este livro é um comentário, destaca-se dos Evangelhos de Lucas, Marcos e Mateus pela qualidade profundamente mística de seus ensinamentos. Isto se aplica especialmente ao relato que nele o Mestre Jesus faz acerca de sua missão na Terra e do seu relacionamento pessoal com Deus, o Pai.

A interpretação aqui feita pelo espírito do mestre White Eagle está intimamente ligada a essa tradição mística, que apresenta as palavras de João, o discípulo amado, de forma extremamente bela. A mensagem mais importante deste livro é a de que Cristo é a Vida e a Luz que existe dentro de cada um de nós, e que o caminho que Jesus trilhou é o mesmo que todos nós trilhamos durante muitas encarnações, até que também nós nos tornemos "perfeitos".

Os leitores acostumados com a literatura ocultista e esotérica descobrirão nestas páginas um comentário ao Evangelho de São João que harmoniza as religiões do Oriente e do Ocidente, pois a tônica de ambas é o amor. Leitores mais ortodoxos dos Evangelhos descobrirão que, como White Eagle explica, o espírito destas mensagens continua estimulantemente vivo.

A interpretação do Evangelho de São João por White Eagle foi apresentada a um grupo de alunos em 1943-45. Nesta edição revista, sua organização é muito mais clara e a ela foram incorporados alguns dos seus ensinamentos mais recentes.

* * *

De White Eagle, a Editora Pensamento já publicou dois títulos – *A Mente Silenciosa* e *A Voz Silenciosa* –, breves considerações do mestre que podem ser lidas como temas para longas e proveitosas meditações.

EDITORA PENSAMENTO

PARA CHEGAR AO CORAÇÃO DO SENHOR

Orações Inspiradas nos Salmos de Davi

Yara Beduschi Coelho

"Foi por acreditar na bondade divina, no seu amor incondicional pela humanidade como um todo e por cada um de nós em particular, e por aceitar a palavra do Senhor como fonte de inspiração e verdade, que fui até a Bíblia buscar orações que me ajudassem a falar com Deus.

"Nessa busca, os Salmos surgiram como uma esperança de conhecimento, fé, poder e realização. Com a ajuda dos Salmos, acabei por encontrar minhas próprias palavras para orar, e passei a registrá-las. Essa inspiração me levou a reavaliar os meus sentimentos, a minha religiosidade e espiritualidade. Passei a acreditar no poder da oração, na bondade divina e, sobretudo, aprendi que Deus me ama e traça meus caminhos para que eu possa evoluir e elevar meu espírito na Sua direção.

"A orientação das preces contidas neste livro é no sentido de que primeiro *eu* melhoro, *eu* perdôo, *eu* amo o meu semelhante, para então receber a promessa de amor eterno de Deus. As preces são de luz e amor, de fé, perdão, harmonia, esperança e caridade."

EDITORA PENSAMENTO

A ORAÇÃO VIVA

Celina Fioravanti

A Oração Viva é um livro para as pessoas de fé, que acreditam, como a autora, que tudo pode ser transformado pela força de uma oração feita com o coração. As preces do livro levaram algum tempo para serem escritas; quase todas foram criadas à medida que havia necessidade de ajuda. Já nasceram com um uso determinado, bem prático, servindo para serem integradas à vida diária. Outras foram selecionadas de antigos devocionários como forças vivas e poderosas à disposição de quem as queira usar em benefício próprio ou dos outros.

Quem faz da oração seu caminho para unir-se a Deus recebe proteção, orientação, favores, força, saúde, luz e amor. E tudo isso de acordo com a exata medida de que necessita para ser feliz!

É através da prece que se afasta o mal. Quanto mais a humanidade orar, tanto mais haverá de se guardar das doenças e de todas as razões de sofrimento que a ameaçam. É sabido que a nossa civilização é sustentada por quatro coisas: o valor dos bravos, a cultura dos sábios, a justiça dos grandes e as preces dos virtuosos. São as preces daqueles que crêem, sejam de qualquer crença forem, que guardam o nosso mundo.

* * *

De Celina Fioravanti a Editora Pensamento já publicou: *Uma Parcela de Deus*, *Causas Espirituais da Depressão*, *Contato com Guias Espirituais*, *A Cura pelos Fluidos* e *Os Curadores do Espírito*.

EDITORA PENSAMENTO

CRISTO
O AVATAR DO AMOR

Haroutiun Saraydarian

Nascido na Ásia Menor, o autor, Haroutiun Saraydarian, vem tentando desde a infância compreender o mistério chamado homem. Para isso, dedicou longos anos de sua vida ao estudo das mais diversas correntes filosóficas e religiosas, a fim de absorver a Sabedoria Antiga a partir de suas fontes mais autênticas.

Fruto desse estudo intenso, destaca-se entre sua obra escrita este livro – *Cristo, o Avatar do Amor* – dedicado "a todos os que vêem em Cristo uma grande Beleza e aos que tentam expressar essa Beleza através de uma vida de Amor desinteressado".

EDITORA PENSAMENTO

Outras obras de interesse:

O DESPERTAR DA CONSCIÊNCIA MÍSTICA
Joel S. Goldsmith

AS PALAVRAS DO MESTRE
Joel S. Goldsmith

A UNIÃO CONSCIENTE COM DEUS
Joel S. Goldsmith

MEDITAÇÕES - Visualização Criativa e Exercícios de Meditação para Harmonizar a sua Vida
Shakti Gawain

VISUALIZAÇÃO CRIATIVA
Shakti Gawain

VIVENDO NA LUZ
Shakti Gawain e *Laurel King*

RAIOS DE LUZ ESPIRITUAL
Francisco V. Lorenz

O ATLETA INTERIOR - Como atingir a plenitude do potencial físico e espiritual
Dan Millman

A JORNADA SAGRADO DO GUERREIRO PACÍFICO
Dan Millman

GIRO INTERIOR - O Processo de Criação de Imagens Mentais Dirigidas na Educação de Crianças e Adolescentes
Maureen Murdock

COMO COMUNICAR-SE COM OS ANJOS
Jane M. Howard

A HIERARQUIA ANGÉLICA E O KARMA PLANETÁRIO - O próximo passo para entender a presença dos anjos em nossa vida
Robert J. Grant

O PROTETOR INVISÍVEL - O guia que nos ajuda nos momentos difíceis da vida
Amadeus Voldben

PERGUNTE AO SEU ANJO - Um guia prático para lidar com os mensageiros do céu e fortalecer e enriquecer a sua vida
Alma Daniel, *Timothy Wyllie* e *Andrew Ramer*